五十嵐塾

愛の経営理念を貫く若き経営者達

五十嵐由人
鈴木　則子

発行　セルク出版・発売　鍬谷書店

巻頭言

五十嵐　由人

今……私は改めてアイワールド精神の不滅を見ています。ここに登場する19名の若き経営者はアイワールド全盛期の社員であり、実業家としてより高い未来に向かう高邁な精神と不屈の精神で理想的経営を貫く分身たちです。

この著書が出来るきっかけは、ある場所での私の講演が終わった時の事でした。「鈴木と申します。ぜひ五十嵐さんの人生の生き様を私に書かせて頂きたい」と単刀直入に実にさわやかに切り込んできたかたが鈴木則子さんでした……そして、その後このような熱いメッセージを頂いたのです。

五十嵐由人氏に、私、鈴木則子（アートアンドブレーン代表）が初めてお目に掛かった瞬間、鈴木にまさに天啓のように、この企画を実現したいという熱い思いが心の底から湧き上がってきたのです。

私は、心理学、教育学を専門領域とする、大学教育の場で、専門の研究者の優れた研究業績を出版し、それらの研究者が指導者として、若い学生を教育するための、よりよい教科書・参考書を出版し続けてまいりました。これは、日本の次世代の人間が少しでも優れた人間に育ってほしい、そして日本の未来が少しでもいい社会になってもらいたいとの願いを込めての仕事だったのです。

おかげ様で、この領域での日本を代表する研究者の、多くの、優れたお仕事を出版できましたし、優れた多くの教科書で、多数の学生の教養の形成に貢献できたことはたしかです。しかし、今日の日本の現実は、誠に情けない状態です。研究者の優れた研究成果を、私たち普通の生活者が、日常の生活に生かすまでには、その間にはいくつもの工程があり、その生かし方は、殆ど手付かずの状態です。したがって、学問、研究の成果は、私たちには「宝の持ち腐れ」なのです。

私は考えを変えました。「実践」者にお会いしたい、「実践」により社会に貢献する事業を成し遂げた方の人生哲学、事業方針、経営哲学、社員教育哲学等々の中にこそ、私が長年追求してきたものがあるのだということが、しかも、「実践」

の世界には、その世界を可能ならしめた「社員」という次世代が育っており、さらに、その「実践」の恩恵を受けた「消費者」、「顧客」という膨大な人々の満足・幸せの体験という、目に見える証拠の存在があるのです。

私は、ぜひ、「実践者」の実例をもって、「若者に与えるメッセージ」を21世紀の「教科書」として出版したいと熱望しておりました。

そして遂に、私は五十嵐由人氏にお会いする事ができました。

五十嵐由人先生

ぜひ、私の願いをお聞き届けていただき、本書の実現にお力をかしていただけますよう、お願い申し上げます。

「新しい時代の教育は生き様と実践から出た真実でなければ、人間の行動と永遠に育まれる活力にはなりえない」とも言われた。「面白い！」と私は思わず即答してしまい取材が始まったのです……そして、取材間もなく鈴木さんが「これだけの哲学と高邁なる理念を掲げ、それを実践の舞台で、しかも大成功のドラマを創造したアイワールドには、それを現実に演じた英雄がいるにちがいない……

その人々に会ってみたい」といわれました。「そうか……数十年もあっていない、かつて「熱血軍団」と言われたアイワールドの若き主役たちはどうしているのだろう……」と思ったら、流通業の舞台に緞帳をおろして、封印してきた魂に火が付いたのです。彼らにあってみたい……現在、事業家として活躍する人物にターゲットを絞り連絡を取りはじめました……そして、さらにうれしい衝撃を受けました……当時アイワールドで活躍した若き獅子たちが、現在その理念を自分のものとして事業家として躍進を続けているではありませんか……。

探し出すうちに独立している経営者が50名を下らないだろうという事になりました。現実に会い始めた時　更なる衝撃を受けました……それは想像をこえる感動の衝撃でした……それは明日に向かって大活躍する若い経営者たちが意口同音に語る言葉は「今の私の精神の原点は全てアイワールドの経営哲学であり、アイワールドで学んだことばかり、そしてこれ以外に経営哲学は必要がない」と言うものでした……アイワールドの経営哲学のすべてを体現したいのです。しかもかつて私が常に思索し提起した「人間とは何か、人生とは何か、生きるとは何か」と言う根幹の思想・哲学・理念を、彼らはそのまま生きて、さらにダイナミックにしかも緻密に自分の経営に生かして着実に躍進していたのです……まさにわが本望「アイワールド哲学による経営」は、かつて、アイワールドを誇りにして大活躍をした若者が、そこでつかんだ経営の奥義と根幹を自分のものとして、日本中にいや世界へと広がっていたのです……彼らの取材は私の霊魂まで洗い清める感動の再会劇となって、さらに私自身の哲学を「成功の哲学・生き方の哲学」として再発見するする事となりました。

私は、一昨年「天国と地獄を見た男」という著書を出版しました。それは、私の生い立ちに始まって、事業家として天国と地獄を見た生き様を赤裸々に書いたものですが、自分の残された人生に向かう戒めと、人生の越し方の著書であり新しい世界へ向かう決断の書でもあったのです。しかし、今、ここに、かつての同志の大望にふれて自身の世界が大きく変わりました。さらに大いなる社会での役割を感じてしまったのです。この度の新しい書には、人間として、経営者として、社会人として、何が最も大切なものであるか、その生き方や事業感の根幹に触れるインパクトがあると確信します。これは全てのものは一に起因すると言うある種の哲学書であり、また登場する経営者の考え方そのものが成功の法則であるともいえましょう。

経営の成功は結果であり、その根幹に厳然とした理念・哲学が横たわって動かしているマグマであり、エネルギーなのです。この本は読む人にとっては成功のバイブルともなるでしょう。

目次

卷頭言　五十嵐由人　i

五十音順

1　世界のファッション・ブランドを相模原で　芦野倫大　1
2　会社の栄枯盛衰を見届けて　伊藤正明　13
3　幸福へ導く哲学があった　井戸達秀　25
4　小売業を熟知しての販売促進戦略を　今井誠一　37
5　人生の大きな流れにまかせ、心が喜ぶように　浦上ますみ　49
6　ＩＴ産業を自分流に追求する　大城浩司　63
7　創業の大志を丹沢の星空に誓った　大友幸雄　73
8　「お一人様一回限りの人生」を生きる　岡崎有五　87
9　攻防戦で「愛と感謝の人間力」を　鬼頭祐二　99
10　青春の地で、今、人生設計のお手伝いを　清塚あかね　111
11　「ふつうじゃない会社」で、お客様も自分も喜ぶことを　関井和彦　121
12　ＩＴ通販のビジネス・モデルを　丹澤誠二　131
13　アイワールド精神で家業で地元に貢献　戸張裕康　143

14　「アイワールドの夢」の続きを追い続けて　長谷川　一　155
15　win-win-win の関係で幸せを　西牟田敏明　167
16　創業の地に多くの良い置きみやげを　藤原　達雄　179
17　変らぬ信念で、元気一杯の前進を　古谷健一郎　191
18　五十嵐社長の新しい舞台を支えたい　山地　浩司　203
19　深い絆の二人、年を経て再び出会いを　特別ゲスト　小澤　良雄　215
プレイバック——アイワールドの世界へ　227
アイワールド語録抄によせて　五十嵐由人　229
アイワールドの精神　五十嵐由人　255
「五十嵐由人という人」　スーパーオリジナル創造オーナー　井戸　達秀　267
おわりに　鈴木　則子　285

丹澤　誠二　たんざわ　せいじ　59期　在籍6年
タンタンコーポレーション株式会社代表取締役

戸張　裕康　とばり　ひろやす　17期　在籍5年
株式会社トバリ代表取締役・株式会社トバリ管財代表取締役・有限会社新城百貨店取締役

長谷川　一　はせがわ　はじめ　19期　在籍8年
株式会社フーリモン代表取締役 CEO

西牟田敏明　にしむた　としあき　12期　在籍4年
株式会社ニシムタ代表取締役

藤原　達雄　ふじわら　たつお　創業期　在籍23年
株式会社ドリームライフ代表取締役

古谷健一郎　ふるたに　けんいちろう　17期　在籍24年
アイワールド株式会社代表取締役

山地　浩司　やまじ　こうじ　58期　在籍3年
丸亀トーヨー住器株式会社代表取締役・
さぬきトーヨー住器株式会社代表取締役・
株式会社 AS パートナーズ取締役

特別ゲスト
小澤　良雄　アイワールド株式会社取引先

登場する方々（五十音順）

芦野　倫大	あしの　のりひろ　19期　在籍5年 株式会社アッシュ代表取締役
伊藤　正明	いとう　まさあき　59期　在籍21年 株式会社カワムラサイクル取締役営業本部長
井戸　達秀	いど　たつひで　7期　在籍17年 ココロカ株式会社営業部店舗開発課
今井　誠一	いまい　せいいち　10期　在籍10年 株式会社アイ・シー・エム代表取締役
浦上ますみ	うらがみ　ますみ　20期　在籍3年 株式会社ヴォイスプロジェクト教育事業部プロデューサー
大城　浩司	おおしろ　こうじ　19期　在籍7年 ICA株式会社代表取締役CEO
大友　幸雄	おおとも　ゆきお　創業期　在籍9年 アイワールド創業時取締役
岡崎　有五	おかざき　ゆうご　55期　在籍15年 株式会社セイルー・カグー事業部チーフアドバイザー
鬼頭　祐二	きとう　ゆうじ　61期　在籍17年 株式会社ユニリビング法人営業部外商リーダー
清塚あかね	きよづか　あかね　21期　在籍3年 外資系生命保険会社
関井　和彦	せきい　かずひこ　19期　在籍7年 通信販売業

1　世界のファッション・ブランドを相模原で

芦野　倫大

――芦野さんがアイワールドに入社されたのは何故ですか。

芦野　僕は専門学校を卒業して、いくつかの会社に応募していたんですが、車が好きなんで、何かその関連の会社がいいな、と思っていたんです。そんな時、応募していたアイワールドから連絡があって、「来てみませんか」と声をかけていただき、会社の説明会に行ったんです。

会社説明をしてくれたのが、副社長と僕より1年先輩の社員でした。その彼の自信にあふれた堂々たる様子にびっくりし、入社してたった1年の社員が、こんなに立派な社員に育つのは、どんな会社でどんな仕事、どんな教育が行われているのか、興味を持ったんです。そしてアイワールドの理念を知り、「これだ！」と思い、「この会社に決めよう」と決心したんです。

――決断は素早かったんですね。

芦野　そうです。入社を決める前には社長とゆっくりお話しをする機会はなかったんですが、入社が決って、社長とお会いする機会ができてきて、実際にお会いすると、入社を決めることになった1年先輩の言葉は、五十嵐社長の経営理念を、しっかりと、僕達に伝えてくれていたんだと納得できました。

つまり、社長は、「会社は、君達社員のための舞台だよ。そこで演ずるテーマは〝人が生きるとはどういうことか〟ということだ。そしてそこで君達一人一人が主役となって君の考える〝人間が生きるということ〟を演じなさい」ということなんです。

僕はこの社会は人と人が関わって生きていくものだから、どうせ関わるなら「物」を介して、それもなるべく高額な物――たとえば家だとか車だとかと思いました。何故ならば高価なほど、その決断力に重みが増すのです。それらを介しての関わりが仕事である小売業で、そういう〝物〟を介しての仕事をしたいと思っていましたので、アイワールドという舞台で、自分の役割を演じたいと、希望に満ちて、社員の日々をスタートさせました。

――社員としての毎日は、いかがなものでしたか。

芦野　僕はアパレルの売場に配属されました。毎日の仕事は洋服をひたすら〝たたむ〟ことでした。Tシャツとか、ブラウスとか、毎日、何千人ものお客様がいらっしゃって商品を手にとり鏡の前で体にあててみて「似合うかどうか」を吟味されます。単価がそれほど高額でないものですから、お客様は気楽に手にとって、十分時間をかけてお試しになります。

閉店後、それを一枚一枚たたむのです。ただただたたむのですが、その作業が毎日夜中の2時3時までかかります。そしてまた翌日、大勢のお客様が来店され、楽しそうに嬉しそうに鏡の前で体にあてて、ご自分の顔を右から左から眺められて、嬉しそうにお買上げ下さるのを見ると、前の晩の〝たたむ・たたむ〟という作業もただの作業ではない、お客様と僕をつなぐ大切な1枚を演出する大事な仕事だったんだと満足感・充実感で幸せを感じるようになります。

入社前のセミナーで先輩が言われた、「この会社は、いろんなところに自分でチャンスを見つければ、そのチャンスを生かすのは君自身だからね。そのかわり仕事はきびしいよ」ということを、早くも実感できたんです。

――芦野さんは、海外からのアパレルの仕入を担当されたそうですね。

芦野　入社して3ヵ月ぐらいは、アパレルの売場で閉店後に商品を〝たたむ〟仕事に没頭していました。3ヵ月後のある日、売り場の責任者に呼ばれ「すぐ社長室へ行ってください」とのことでした。社長室には五十嵐社長と副社長がいらして「今度、うちで海外ブランド部門を立ち上げることになったので、君にすぐにシンガポールへ行ってもらいたい」と言われました。

それ以前に、たまたま社長から「どうですか、仕事は慣れましたか？」と声をかけていただいた折に「将来はアパレルでも高額商品を売りたいですね」などと、言っていたこともありましたので、「いよいよアイワールドも、海外ブランドを売る店になる」ことに興奮しました。「ハイ、わかりました、シンガポールに行かせていただきます」とお答えして、売場リーダーのもとに戻りました。しかし、当時、僕はパスポートを持っていませんでした。早速、パスポートをとることから、海外ブランド事業をスタートさせたんです。

――入社3ヵ月目で、チャンスが来たんですね。早い展開でしたね。

芦野　本当にビックリしました。こんなに早く、チャンスをいただけるとは夢にも思いませんでした。

「これが、この会社なんだ。このチャンスで、自分が何をするか、それで、自分の〝生きる〟生き方を、自分で見つけ、自分でかたちにしていくんだ」と、体が、魂がふるえるようで、今まで経験したことのない力が、沸き上がってくるようでした。

それから、シンガポールを手初めに、韓国、ヨーロッパ、と矢継早に仕入先を探して動きはじめました。社長は「どこでも、自分でいいと思うところがあれば行ってこい」と言って下さいました。

ブランド品というのは、イメージとしては、存在感がありますし、ブランド品を揃えている店は、アパレル界でもプレステージが上りますが、商品の価格は高いし、そんなにポンポン売れるものでもないし、ある意味、店のお荷物にもなりかねません。

でも僕は、与えていただいたチャンスを、何としてもアイワールドの華にしたいと思い、他店で売っていないものを求めて世界中のいいブランドを探して探して、「アイワールドだからこのブランドを売るんだ」というしっかりと根を張ったジャンルにしたいと、世界のどこへでも出掛けていきました。そうしているうちに、海外にも、仲間が出来てきましたし、ある老舗ブランドでも「今迄、日本から来るお客さんとは一切会わなかったが、君はおもしろいね」と言って、受け入れてもらえたり、と、順調にバイヤーとしての仕事ができるようになりました。ここでも、社長の会社へ入れていただいた時の人と人との結びつきの妙、出会いのありがたさ、結ばれた絆の大切さを、実感する毎日でした。

ブランド品の立ち上げは、僕にとって社長から頂いたチャンスです。このチャンスを生かさないでは社長への恩返しができない。頂いたチャンスは自分のアイワールドでの主役という配役として全身全霊で演じてこそ、自分という人間の成長があると考えて走り続けました。結果、5年目に80億の売上げに上り、バイヤーとしてのリーダーをやらせていただきました。それが僕、年齢は20代前半です。その年齢で、それだけの仕事をまかせて頂けたことが、今では僕の財産です。

――アイワールドでは順風満帆でしたね。

芦野　お蔭様で、アイワールドは絶好調でした。僕は思うんですよ。アイワールドのような小売業で、あれだけお客様に喜んでいただき、お買上げいただけたのは、商品がいいとか値段が安いとか、ということだけではないと思うんです。アイワールドの五十嵐社長の「小売業」というものを世の中に問う経営の理念が「お客様が喜んでお買上げいただき、喜んで帰っていただく」ために、店員の一人一人が会社の経営理念を自分のものとして、お客様のためにそこに居り、そこで働くということがふつうに行われている。そして一人一人の社員がそういう人間になっているということが、お客様にも伝わり、アイワールドの空気を他にないふしぎな存在にしてしまったということではないかと思います。

――お客様がアイワールドに足を運んで下さるのは、単に「買物をする」

ことだけを目的にはいらっしゃらないということなんですね。

芦野　その通りです。口はばったい言い方かもしれませんが、お客様は、アイワールドに「遊びに来て下さる」んです。アイワールドは全社をあげて、社員一人一人の「お客様に喜んでいただく気持」を120パーセント、いや200パーセント実現しようとする集団となって、相模原をはじめ、お店を出させて頂いた各地の皆様と共に歩んできたのです。

僕は、そういうアイワールドの社員を育てて下さったことが、五十嵐社長の他に類を見ない社会貢献だと思うんです。

――五十嵐社長はアイワールドの経営者であり、同時にアイワールドの社員を育てた教育者でもあったということですね。

芦野　その通りです。ですから、僕は五十嵐社長にお願いしたいことがあります。今の社会、今の子ども達を眺める時、今こそ五十嵐社長が教育者として世に出てほしいんです。そして、僕達がアイワールドのビジネスの場で「自分が成長するとはどういうことか」を実践を通して見ることができたと同じ原理で、一人でも多くの日本の若者、日本の子ども達を導いてほしいんです。そのためには、僕達も力一杯サポートします。アイワールドのいわば卒業生の多くが同じ気持だと思います。ぜひ、五十嵐社長の次のステージを一日も早く、開幕していただきたいです。五十嵐社長が僕達に渡して下さったビジネスの世界の働きは僕達を信じ、僕達にまかせてください。僕もやっと40歳台になりました。まだ時間はあります。僕の同期入社だけでも54人も居ます。アイワールド27年の時間の中で、アイワールドの精神を学び、魂を持つことができた人数はたいへんな数になります。僕達は、今、五十嵐社長の次の舞台の幕が開くことを知れば、全国から声を上げて、日本の、日本人の喜びと幸せを実現するために、五十嵐社長の下に結集します。

五十嵐社長の一日も早い新しい舞台への登場を心から願います。

2 会社の栄枯盛衰を見届けて

伊藤　正明

――伊藤さんはアイワールドの最後の時に全力で支えられたそうですね。

伊　藤　僕は営業を担当しておりましたが、対外的な財務と仕入先の最終窓口でしたから、当然、自分がやる以外、誰にもゆだねられない。それならば「よし、僕がやる」と強く心に決めました。アイワールドでは、五十嵐社長の哲学を僕たち社員は十分に学び、アイワールド・スピリットが体得されていましたから、根本は決してゆるがないですから、「何が起っても」自分の力で対応対処する。対処できると信じていました。

五十嵐　伊藤さんは、アイワールドの栄古盛衰のすべてを見てくれた人です。アイワールドの絶好調の時期には、その中心に居てアイワールドを盛り上げて活躍した人ですし、アイワールドが終りに近づいた時には、会社整理の段階から、民事再生の段階まで、いちばんやっかいな、困難な、そして多岐にわたる問題解決の膨大な作業を、しかもすべてが決して楽しい仕事ではない、すべてが辛く、苦しい気持になる仕事を、一人で引き受けてくれた人です。

しかも、決して後を見ない、あくまでも希望を持って前へ進む気持を持ち続け、まだ「上場できますよ」、「必らず明るい明日が来ますよ」と、さわやかに言ってくれた彼には、僕は、どれだけ救われたか、助けられたか……。それが、本当に爽やかに、シビアな状況にありながらですから。

伊藤　アイワールド・スピリットを、五十嵐社長が、毎日の朝礼でも欠かさず僕たちに体得させるような慣例を実行して下さったですし、更には、「攻防戦」と呼ぶ五十嵐社長オリジナルの3泊で行われる少人数制の研修プログラムが出来ていて、それで、自分達は徹底的に「自分を知る」ことを体得させてもらっていましたから、そういうシビアな現実に置かれたアイワールドにあっても、自分に「自分がやる」という強い気持でいられたんだと思います。

――アイワールド・スピリットが、ご自分のものになっていたのですね。

伊藤　僕は、アイワールドに入社した時、それほど強い動機をもっていたわけではないんです。友人がアイワールドの面接を受けるというので、その友人について会社を訪ね、その流れで五十嵐社長にお会い出来たんです。会った瞬間、僕は「すごい人だ！」と思いました。そして、「この会社に入ろう」と決めました。更に、「どうせ入るなら、この会社の社長になろう」と思ってしまいました。入社してみると、我々新入社員に仕事のノウハウ、売場のノウハウなど、一切指導してくれる気配がないんです。ただ、毎朝の朝礼を30分かけて、アイワールドの経営理念から、幹部が行うべきこと、問屋さんとの関わり方など、いくつかの条文ができており、それを全員、声を揃えて唱和するんです。始めは、何のことやらわからないまま声に出して言っているうちに、自然に暗唱できるようになります。すると毎日の自分の業務を夢中にこなしている間に、ふと、どれかのフレーズが頭に浮かんできます。すると「ああ、こういうことか」と、あらためて、その言葉が自分の心に新しく、しっかりとおさまるんです。

アイワールドの根幹は、「愛」だということに本当に気づつくのは攻防戦を経験して、その中で、はっきりと、「自分」というものに気づくことになるんですが、実はそれ以前に、仕事の中で、こういう小さい気づきを何度も何度も経験し、そういう「気づき」ができる体質に、アイワールドの社員はなっているということだと思います。

――社長が皆さんにかける言葉も、独得だったそうですね。

伊藤　日頃から、社長が僕達社員にかけてくれる言葉は「生きていますか？」というような言葉ばかりですから。

僕は気がついたんです。この会社では、自分から動きはじめなければ、何もおこらないんだ、ということに気がついたんです。そして、「お客様が喜んで下さるために、何をすればいいか」と発想を変えて考えてみると、いろいろなこと、いろいろなアイディアが生まれてくるんです。

――アイワールド魂の根幹は「愛」だということですが、そのことに気づく、あるいはそのことが自分の確信になるような仕掛けとして、攻防戦が大きな役割を果すんだとうかがいますが、もう少し具体的に話していただけませんか?

伊藤　攻防戦というのは五十嵐社長が作られた研修のプログラムです。徹底的に自分を見つめることに集中させるプログラムで、少々激しいやりとりや、シビアな自己内省の要求を、逃れられない状況の下に僕たちは追い込まれるんです。ただし、これはゲームです。ゲームですが、その最中に、僕たちは、「わかった!」と思える時間を迎えることができるんです。これはアイワールドの五十嵐社長のオリジナルですし、何よりこのゲームを成立させるレフリーとしての五十嵐社長がその場に存在しなければ決して成り立たないものです。僕たちは、この経験を経て、しかも、同じ経験をすることが出来た仲間として、共通の理解と共通の心情、スピリットを共有する仲間になっているんです。
今でも、3月に1回ぐらいはアイワールドの現在の社長、古谷さんを相模原の本社に訪ねています。アイワールドは、現在も業態は変っても、存在しているわけですからね。

――伊藤さんは、五十嵐社長体制のアイワールドの最後を見届けられて、その後、どういう道を進まれることになったのですか。

伊藤　アイワールドのあの隆盛を極めた賑わいがまたたくまに消えうせた時、正直、自分自身、はじめて我に返ったような気持でした。アイワールドの再びの成功、再びの隆盛だけを見据えて戦って来たのですから。しかし、現実は現実でした。アイワールド時代に取引のあった企業さんから、僕自身の進む道をと、ありがたいお誘いを受け、そのうちの一社に転職させていただきました。
イエローハットという業界では知られたカー用品の企業です。そして更に、その関連で株式会社カワムラサイクルに招いていただき、営業本部で仕事をしています。
今、介護のジャンルで新しい機能、新しいイメージの機器を開発し、製造し、使う方に喜んでいただくものづくりに力を入れています。

五十嵐　伊藤さんは、アイワールドでアイディアマン、新しい企画の発案と実行に力を発揮してくれた重要なメンバーの一人だったですからね。
今、カワムラサイクルに所属はしていても、実際に伊藤さんのやっている仕事は創業者と同じ意識でやっているんだと思いますよ。

伊　藤　たしかに、介護というジャンルのユーザーは誰なのか、何が求められているのか、については、すべて大げさに言えば、人類が初めて経験する世界です。高齢化は日本で急激に進み、高齢者向けの介護のジャンルでのユーザー満足を実現することは、我々供給する側の急務です。日本ばかりではなく、隣の大国、中国も、日本と同じ事情を抱えています。マーケットの見地から見れば中国は日本の十倍近いマーケットサイズですし、新しい富裕者層の数は、絶対数からいえば日本と比べものにならない規模です。

我社でも、車イスの市場として中国を重視し、既に中国に製造の拠点を作っています。僕は今、中国での仕事のウェイトが高まっています。介護ロボットだって、中国市場は大きなマーケットになります。

――車イスも、現実に使用される場面においては解決すべき問題も多いのでしょうね。

伊藤　車イスもISOを取得する機器です。しかしISOの求める世界規準はヨーロッパ、アメリカ主導の規準です。僕は今、それを日本が主導し、中国を巻き込んで新しい世界規準を日本から変えたいと思っています。ヨーロッパ・アメリカと生活の様相が違う日本・アジアの人々のくらしの中で「便利で使いやすい」規準を作りたいと、日本の行政とも密な連携をとりながら進めています。

――介護の世界の需要は、日本が先頭を切って急増しますから、クオリティの高いもの、介護のイメージを変えるものを世の中に、ぜひ提供していただきたいですね。

伊藤　介護の分野の機器は、もっぱら、その機能のレベルアップに力点が置かれています。もちろん、そのことで機能、性能はどんどん進化しますから、結構なことではあります。しかし僕は、もう一つ大事なことが忘れられていると思っています。それは、それらの機器を使う利用者への眼差しがないということです。「利用者の満足、利用者のよろこびを何よりも大事にする」ことは、小売業アイワールドでは、何よりも優先しなければならない目線でした。アイワールド・スピリットが僕のスピリットになってしまっていますから、今の仕事でも、この根幹は変りません。ですから、介護の分野においても、いや、介護の分野においてこそ、アイワールド・スピリットが大切だと強く思います。

その観点から、つまり、アイワールド・スピリットを原点として介護の世界を考えてみると、次々に、「お客様に喜んでいただく」サービス、援助行動が発見・発現されて来ます。

高齢化社会において、あらゆる場面において、今こそアイワールド・スピリットが必要なことを、改めて、多くの人々の共通理解にしていくのも、僕ができるはずだと考えています。

今、社会の重荷とか影との感を持たれている介護のイメージを、社会の光の位置に転換するように、その仕事のパイオニアになろうと頑張っています。

3　幸福へ導く哲学があった

井戸　達秀

井戸　１９９５年当時、僕が人事と販売をやっていた時、アイワールドが創立20周年を迎えたんです。会社では月刊誌「生きる」という小冊子を社内の編集担当者が中心になって作っていたんですが、「創業20周年特別記念号」というB6判の本誌堂々４３０ページの大作を作ったんです。僕は「生きる」という月刊誌に、社員を一人ずつ紹介する「人間シリーズ」という記事を毎月書かせてもらっていたのですが、この「創業20周年特別記念号」の末尾を飾る文章として、「人間シリーズ――五十嵐由人という人―スーパーオリジナル創造オーナー」という一文を書かせてもらいました。

五十嵐　これが誠に的を射ているというか、私が読んでとてもおもしろい、何度も「俺ってこうだな」と思いますよ。それで、イヤ味がなくって。

――20周年記念に五十嵐社長を。思い切ってお書きになったということですね。

井戸　僕は、アイワールドという会社の考え方のファンでしたから、その会社の中に自分もいるんですから。月刊誌「生きる」には、社員を順番に紹介していったんですが、20周年に五十嵐社長に登場していただいたわけです。

五十嵐　井戸さんとは〝あうん〟の呼吸というか、多くを語らなくても、意図することを察知しあえる、そういう間柄でした。

それに、井戸さんは、若くして病気になったんで、僕は「彼の病気を何としても治すんだ」と、心に強く念じ、「彼の病気を治せないんじゃ、俺の理念、行動は何だったんだろう」と思ったんですよ。

うちの社員でこんな大病になったのは初めて、しかもこんなに若くて……と、僕も動転してしまい、彼の命と自分の命は同じだと思って、もし「彼が死ぬようなことになったら、アイワールドの命も尽きる」と感じてしまったんだよ。「何が何でも彼を助ける」「絶対に俺が助ける」と強く心に決めたんです。

井戸

社長は、入院した僕の病室へ来て下さって、まず、「井戸さん、おめでとう」と言われたんです。そしてすぐ続けて、「人間には自分で越えられない壁や困難は絶対こないいんだよ。だから君の病気も絶対治せるし越えられるものだから、君のところに来たんだ。それは自分にとっても世の中にとっても必要なことなんだよ。」と言うんです。

自分でも、まだ若いし、死ぬ気は全くありませんでした。社長はいつも、何事に対しても肯定的にとらえ、進んで解決し、前へ前へと進むことを、それまでに我々社員に、ご自分の行動によって学ばせて下さっていましたから、病院のベットの上で「おめでとう」という社長の言葉を聞いても、決して違和感がありませんでした。それより、「この病気を乗り越えれば、もっと大事な次元の世界へ進めるのだ。もっと前へ進めるんだ」と、ファイトが湧いてくるようでした。そして社長は、僕の父が亡くなった時「僕を親父と思え」とまで言って下さいました。僕の不安や心細さは、社長の言葉でどれだけ救われたか知れません。おかげ様で僕はその大病からも苦境からも、生還できました。

――アイワールドの愛の精神が、井戸さんを健康な若者に蘇らせたのですね。

井戸　僕はすっかり健康体に戻り、その後、結婚もすることができました。仲人も社長に無理にお願いして、やっていただきました。僕に子どもが生まれた時、社長は涙を流して我孫を見るように喜んで下さいました。

五十嵐　井戸さんには、長く人事のいちばん肝心な「人を見る」ところをずっとやってもらったんですよ。

井戸　人事を決める時、いちばん大事なことは、「その人の人となりを正しく把握する」ということだと思います。アイワールドは小売業です。

小売業だったら、ふつうは、社員に小売業のノウハウを教える「社員教育」をやるでしょう。ところがアイワールドにはそういう教育は一切ありませんでした。

会社の基本理念は、「愛をもって、買って下さるお客様に心から満足していただくにはどうすればよいかということだけを考えろ」というのでした。それも、そのやり方、どんなことをどんなところで、どんなやり方でやればいいかは、社員の一人一人が「自分の心で考えて、自分の魂の根本に愛をもって、自分で自分の考えをもち、自分の足で動け」というのです。

——人事配置で常識的にいわれる適材適所の考え方と、人間を見定める次元が違いますね。

井戸　そうです。ですから「その人を見極める」観点は、その人の「魂の戻るところはどこか」を見定めることになるのです。

五十嵐　人事を決める時、実は井戸さんと二人で当時所有していた札幌のマンションに1週間ぐらいこもって、社員の人間を知る人間を理解する」作業というより修行に近いものをやったものです。その「人間研究、人間理解」のところをトコトンやっていくと、社員一人一人が、はっきりとした人物像をもって、立ち上り、動き出し、店内の動き、お客様への接し方、その他、あたかも動く影像を見ているように、頭の中に浮んでくるんです。

井戸さんと、こうした作業をくり返すうちに、社員一人一人が、それぞれアイワールドで主役をつとめることができるよう、配役を決めることができたんです。

――ところで井戸さんはどういう経緯でアイワールドへ入社されたのですか？

井　戸　大学の就職課からの紹介であるビルの5階で3次面接があり、落ちました。たまたまそのビルの1階で、何かわけのわからない会社が入社説明会をやっていたので立ち寄り、席に坐って参加しました。そこで、一人の方が、色々、今考えると熱心に説明（ほとんど狂の世界）「社内研修」のことだとかなんですが、それが、五十嵐社長だったんです。説明会はほんの偶然にとび込んだんですよ。その後、会社から「まず来て雑巾のようにボロボロにやってみろ」と連絡をもらって

――そして、入社することになったんです。

井戸

――入社されて、いかがでしたか。

入社後2、3日目から、11tトラックで入った自転車を、アルバイトの学生と2人で、ただただおろす作業を、汗だくになってやりました。くる日もくる日も同じことのくり返し。体はガタガタ、単調な肉体労働です。この1台が終ったら「今日こそ会社やめるゾ」と何度も思いました。しかし「やめるゾ」と思うと、何か耳許で聞こえるんで

すよ。「そんなことでいいのか？」という社長の声が……。そうこうしているうちに、さまざまな仕事を次々とやらせてもらうようになると――今度は、仕事がおもしろくなってきたんです。予算も、間もなく2億円ぐらい自分の裁量で使えるようになり、ある時ブラジルフェアで、宝石のアメジストを仕入れたことがありましたが、そこで大失敗をやりました。１００円でアメジストのつかみ取りをやると、アメジスト同士がぶつかるとキズがつくという基本的な扱い方も知らなかったので、会社に何千万円も損をさせてしまったんです。その時、これは大変だ。相当怒られる、と覚悟して社長の前へ出ました。でも、社長は全く怒らない。社長は逆に「いい授業料だ！」と涼しい顔をしてました。

社長がおこるのは「何もしない」ことであって、何か本人が考え、いいと思ってやったことが失敗しても、それがその人を成長させるということが、その後わかってきました。どの社員もそのことがわかっており、従って「お客様が喜んで下さること」なら、売場の仲間の賛同を得さえすれば「何でもできる」と、元気に、自信をもって前進できる、冒険や挑戦できる――そういう会社でした。

その後10年ぐらいたってから「アンティーク・トイ・ワールド」という催しの時15億・16億ぐらいの予算をいただいて大プロジェクトをやりましたが話題性はすごかったですがまたも大赤字を出してしまいました。

――アイワールドを離れて、今はどんなお仕事をされてますか。

井戸 実はアイワールドとも関係のあった家庭用医療機器の製造販売をするココロカ株式会社で仕事をしております。

扱っている機器は高電位治療器という身体を高圧電界で包み込み頭痛、慢性便秘、肩こり、不眠症の緩解に効能効果が認められている機器です。

弊社は社員が約１５０人で過半数以上がアドバイザーです。アドバイザーは健康の大切さ、予防の重要性を誠実にお客様に伝え、一家に一台弊社の機器をもっていただくことで世の中に貢献したいと日々懸命に情熱を持って営業活動に従事しております。

この会社で私はアドバイザーが営業活動（プロモーション）を行う小売業者様の催事スペース、空きテナント、駐車場等、約15坪ほどの場所を確保する仕事をしております。小売業者様、弊社双方のニーズを満たすことが成約の鍵となりますが、小売業での経験が大きく活かされております。

この本編にも登場いたします株式会社ニシムタの西牟田社長様には公私共々大変お世話になっておりまして、今まで40を超えるプロモーションを開催させていただいております。また今期より部署間を円滑にするパイプ役もやらせていただいております。

私も死ぬような大病をしておりますし、既に進んでいる超高齢社会で、心の病も含め不快な症状を抱える現代人は大変な数です。

弊社は「健康を、人から人へ。」を企業理念に掲げ、機器を通してお客様のＱＯＬ向上を手助けできる健康総合企業としてこれからも精進してまいります。

　今でも私はアイワールドで五十嵐社長に学びアイワールドの仲間と共にボロボロの雑巾になって体得した理念や哲学が仕事をする上での価値基準となっていることが多くあります。残りの人生、世のため、人のため、そして自分の幸福のため、常に感謝を忘れず生きていきます。

4 小売業を熟知しての販売促進戦略を

今井 誠一

――今井さんが代表取締役に就任されて、今、大きく成功されていらっしゃる会社はアイワールドの分社からスタートされた会社だとうかがいましたが――

今井　その通りです。そもそも、アイワールドの一部門であった販売促進部を僕が担当していた時、その部門を発展的に拡大して、ＩＣＭという子会社として独立させようという構想を五十嵐社長が持たれ、ＩＣＭという販売促進を業務とする会社がスタートしたんです。アイワールドの子会社です。

――今井さんがアイワールドに入社されてから、ＩＣＭという会社誕生まで、何年の年月を経たことになるのですか？

今井　僕が入社したのは第10期ですから、１９８５年（昭和60年）にアイワールドに入社したんです。そして、ＩＣＭの設立は、平成8年8月

8日、西暦では1996年ですから、僕が入社してから丁度10年目のことでした。

――今井さんは何故アイワールドに入社されたんですか？

今井　僕は自分で小売業をやりたいと思っていたんです。ですから、アイワールドに入社して、商売というものを勉強しようと思ったんです。3年アイワールドで勉強させてもらって、自分で商売を始めようという計画だったんですよ。

僕の入社当時、アイワールドは、最盛期だったと思いますよ。10期として同期入社したのは60人ぐらいです。相模原の本店をはじめ、東大和店、その他地方にも十数店も出店していましたし、何しろ、店に活気がありました。商品豊富でした。国内の商品に加えて、海外の一流ブランド品まで揃っていました。商品は20万アイテムもあり部門の数も20近くありましたから、およそ、くらしを支えるための消費材で

「ないものはない」といっていいほど見事な充実ぶりでした。

そして、働いている社員がまた、元気一杯で、笑顔で軽やかに店内を動きまわるというより泳ぎまわるようなさわやかな身のこなしを見せていました。

お買物に来て下さるお客様への対応にも真心のこもった態度で、わかりやすく、丁寧に説明し、お買物をサポートする様子が、店全体の雰囲気を暖かく親しみやすいものにしていました。

僕は入社して、まず、商売のテクニック、商売のノウハウを学んでやろうと意気込んでいましたが、アイワールドの店全体とリーダーである五十嵐社長の目ざすもの、実現しようとするものが、いわゆる「商売のテクニック」には全く重きを置いていないということに、ある意味驚きをかくせませんでした。

――五十嵐社長が何に重きを置いているると感じられたのですか？

今井　アイワールドでは社員全員が参加し、毎朝朝礼を行うんです。男性社員は女性社員より30分早くから全員参加して行われるのですが、そこでは、五十嵐社長が定めた「経営理念」に始まり「社是」、「経営信条」「社員遵守行為」「七つの自己宣言」「感謝の黙祷」「幹部七精神」「仕入れの基本七精神」という、『アイワールドの精神』を明文化した文言を、声をそろえて唱和することが慣例となっていました。ですからすべての社員がこれら「アイワールドの精神」を暗唱していますから、その精神は当然、一人一人の社員が体得し、アイワールドの精神が自らの精神にまで内在化され、結果として「社員の精神」となっていたのです。

――今井さんも「アイワールド精神」に共感し、ご自分の精神として、受け入れていらっしゃったんですね。

今井 アイワールドは、この「アイワールド精神」が至上の哲学でしたから、僕も、商売のテクニックの源にこの精神がしっかりと定まっていることの意味が十分に納得できました。僕も、アイワールド精神を自分の精神にしていたことを、今では、アイワールドに入社したことの大きな恩恵と思っています。

――ところで、そもそもの入社の動機はどうなりましたか?

今井 入社してアイワールド精神の洗礼を受けて、テクニックより「お客様に対する愛をどう実現するか」に全力投球するアイワールド人間になって、日々、問題解決的に働いているうちに、瞬く間に時間が経ち、当初の3年で退社するどころか新店(新潟青山店)店長に大抜擢され、その後東大和店店長、相模原本店店長、そして「小売業は企画が命、チラシはお客様へのラブレターだ」と販売促進部の部長に任命されました。更にアイワールドの「集客力、企画力」を業務提携先に指導する目的で五十嵐社長が決断され子会社として株式会社ＩＣＭが誕生したのです。

当時僕はアイワールド相模原店の店長であり、販売促進部の部長でもありましたので、ＩＣＭがアイワールドのグループ会社の一つとして新しくスタートする時の代表者に任命された時、すべての役職を兼務することになったんです。既に独立どころではありませんでした。

今井――ＩＣＭのすべり出しはどんな様子でいらしたんですか？

アイワールドの販促部は当然、自社の販促だけを考えているわけですが、実はアイワールドは会社設立の初期から、関連する他社の要請を受けて、広い意味での販売促進の指導を業務の一つとして行っていたんです。五十嵐社長がダイクマから離れて、仲間3人でアイワールドを創立したその時、創業時のてんてこ舞いの一日の業務が終わった後、夜中3人で車を走らせて業務提携企業に、経営指導のために出掛けるというすさまじいスケジュールをこなしたそうです。僕が入社した頃は、アイワールドと提携する全国の何社かと契約し、各社にアイワールドの社員が派遣され一定期間常駐してその店の指導を行うということも業務の一つになっていました。アイワールドの社員が常駐する各社に対しては五十嵐社長が必ず毎月1回訪問し、指導の密度を高めるというシステムになっていましたし、また、各社から、アイワールドの相模原本店での研修に参加する制度もあり、提携各社との繋の強さは見事に完成していました。

こういう下地がありましたから、新しいＩＣＭはその方法論によりクライアントを一般の企業に拡大したのです。

――アイワールドの成功のノウハウ、アイワールドの企業としての独自性を学びたい、とり入れたいという企業にはたいへんな朗報としてＩＣＭは歓迎されたのでしょうね。

今井

アイワールドは小売業です。僕たちは小売業の知識を体験として持っています。その僕たちが「販売促進」を考えるわけですから、自ずと、小売業の精神、小売業の本質が見事にとらえられ、実現されるように、問題解決をしていきます。

ところで、マーケティングのジャンルを眺めた時、販売促進のノウハウを、僕たちのように小売業を一〇〇パーセント知りつくした人間が担当するというケースを殆んど見ないのが現実です。マーケティングの理論はアメリカを発生の源として現時点におて、それなりの完成度で構築されています。しかしその理論体系の中に、販売促進のジャンルの業務の中に、小売業のノウハウがウェイトを置かれているということは殆ど見当りません。美しく整然と「販売促進とは何か」が問題にされ実現されているのですが、僕達、小売業を知りつくした者からみると、ダイレクトな、いわば泥くさい小売業のノウハウこそ理論の源に必要不可欠なものだとの認識を持っています。

僕達ＩＣＭはまさに小売業のすべてのノウハウをふまえた上での販売促進の提案ができる日本で唯一の会社だと断言できます。

クライアントさんも、僕達ＩＣＭの企画・提案の部分に注目して下さり、創業後、出資して下さる企業さんが現れました。出資者の業種がアイワールドのアナログな世界とは別のウェブの世界であったことで僕達が認知される世界も広がりました。その為全国の百貨店、専門店、ドラッグチェーンストアの紙媒体からウェブ媒体までクライアントが小売業全般に拡大しました。

――ＩＣＭさんは、今、創立何年目に入られたんですか？

今井　アイワールドのグループ会社として創業したのが平成8年8月8日でした。その後、10年間はアイワールドのグループ会社として経営してきました。しかし残念ながらアイワールド本体の状況が雲行きあやしくなり出してから、それまでＩＣＭの売上の80パーセントがアイワールドであった売上構成比を次第に変えていきました。アイワールドが万一のことがあってもＩＣＭのクライアントさんには迷惑をかけないようにと苦心しました。

ＩＣＭは今年、創立20周年目を迎えます。はじめの10年間はアイワールドのグループ会社として、そして残りの10年はアイワールドから完全に分離して営業してきました。アイワールドが民事再生の状況に落ち入った時、当然ＩＣＭも様々な問題に対処しなければならなくなりました。信用調査から始まりＩＣＭの経営にも大きな嵐がおそってきましたが、自ら生き残るために、一つ一つ対処していきました。当然ＩＣＭのクライアントさんにも事情をご理解いただき、ご協力、応援して頂き、創業して20年を迎えることができました。僕は運がよかったこと、人に恵まれたことをしみじみ思っています。アイワールドでは商売のことを教えてもらいました。企業の理念として「愛」を大切なものとするということも教えてもらいました。今、ＩＣＭの「経営理念」「企業使命」は、アイワールドにならって作っています。名刺大のカードにこの二つを印刷し、名刺と共にお渡しすることを続けています。この先、ＩＣＭの社会的使命を社会に還元し、永く続けていくつもりです。

iCM 株式会社 アイ・シー・エム

経営理念

企業は人なり
企業はそこの社員以上にも
以下にもならない。

時は生命なり
今に生きる、常に成長を
心がける。

情熱こそ成功なり
どんなに局地に追い込まれても
強い心を持つ。

企業使命

我社は戦略的プロモーション
活動を通じて
流通小売業のお役に立つこと。
我社は社員とその家族の
豊かさのために
成長し続けなければならない。

5

人生の大きな流れにまかせ、心が喜ぶように

浦上ますみ

――浦上さんはどんな経緯でアイワールドに入社されたんですか。

浦上　私は海外志向が強くて、高校卒業してすぐ海外へ、カナダのカレッジを出たあと、日本の会社の社員として海外勤務の途があるところを探していたんです。

アイワールドは相模原が本店でしたが、そこは神奈川県の一つの市にあって、周辺の人々の、一大レジャーセンターになっており海外にも支店がありましたので、この会社に入って、海外勤務を希望すれば、自分の夢を実現できると思い入社しました。

入社に際して、親からは3年はその会社に勤めることを約束させられていましたが、3年のうちには海外勤務がかなうだろうと期待して、入社しました。

浦上　――入社されて、いかがでしたか？

浦上　入社して、社内研修では五十嵐社長のお話を聞く機会がメインになったんです。が、社長のお話は、「人間とは」とか、「生きるとは」とか、「人生は自分が思った通りになる」とか、そういうお話だったんです。でも、正直その意味はよく理解できないまま聞いていたと思います。ただ、「人生は自分が思った通りになる」という事については全く腑に落ちないだけでなく反発心を持って聞いていたのをよく覚えています。というのは私は「海外へ出たい、海外で働きたい」と願ってアイワールドに入社したのに、「自分が希望する部署に異動できないじゃないか」と悶々とした毎日をすごしていました。

――毎日、お辛かったでしょうね。

浦上　はい。そうですね。「社長が入社説明会でもおっしゃっていることと違うじゃないか。おかしい」と思っていました。「人生は自分が思った通りになる、と確かに、五十嵐社長は力強くおっしゃった。だから私はこの会社に入ったんだ。それなのに、そうはならないじゃないか――」と、納得できないままでした。

入社2年目に、次の新入社員が入社して来ました。その新人社員たちに、私より何年か先輩の方と、ペアを組んで、入社説明会でのアイワールドでの体験を新入社員の方に話すスピーカーに私が選ばれてしまったのです。その時、私はまだ、この会社に入ったことに、心から納得し、社員としての所属意識もあやふやな状態のまま、あたかも会社を代表するような立場で新人に入社説明を述べるということが、とても辛く、心ここにあらずの状態でした。

そんなこともあって、何としても、この会社に入ったことの意味を自分なりに納得したいと思うようになりました。そしてそのためには、五十嵐社長に、直接、私の気持を聞いて頂いて、社長の「人生は本当に思った通りになるのか?」という問いについて答を聞かなければ

——と必死に考えました。

新人社員への入社説明会が終って7月になりました。アイワールドでは毎年、7月7日の五十嵐社長の誕生日に、お祝いのメッセージを社員全員が色紙を書いて送ることになっていました。私は「これだ！」と思い、色紙にこう書きました。「社長、一度ぜひ私の話を聞いて下さい。お誕生日おめでとうございます」と。

しばらくして、総務から連絡があり、「今、あなたがいちばん会いたがっていた方が来てますから、応接室へ来て下さい」と連絡があったんです。「あれ？　誰だったたっけ……」と思いながら応接室へ行くと、五十嵐社長がいらしたんです。

そして約2時間、私の、悶々とした気持ちや人生に対する問いを、洗いざらい話しました。

五十嵐社長は、そんな私の話を、しっかりと2時間も、真剣に聞いて下さったんです。

浦上　――五十嵐社長は浦上さんに何とおっしゃたんですか。

浦上　私は、夢中で、社長に自分の思いをお伝えしました。

「私は、海外に行けるんですか、行けないんですか？」

「人生は思い通りになるんですか、ならないんですか？」

「人は思った通りに生きられるんですか？」などなど、今考えれば社長に食ってかかるクレーマーみたいで申し訳ない物言いをしたことを恥ずかしく思いますが、その時は、自分が生きるか死ぬかの瀬戸際のような悲壮な心境だったので、ひたすら、思いを伝えた事をおぼえています。

浦上　――五十嵐社長と〝対決〟？　したような――。

浦上　社長はそんな私の熱い思いを、熱心に静かに聞いて下さって、そして、こんな風に言って下さいました。

「あなたがこの会社をやめたいなら、それはそれでかまわない。ただ、アイワールドは、あなたに、あなた自身が主役となって輝くことができるかもしれないステージを用意しています、そこであなたが納得して、主役となって輝けるかどうかは、すべてあなた次第です。ただ言えることは、今この目の前にあるステージで輝けなければ、次のステージに移っても、輝けないでしょう。まずはこの目の前にあるステージで、精一杯生きて、精一杯頑張ってみたらどうですか」と。

──浦上さんのお気持は、納得できましたか。

浦上　社長と話せたことで、私は完全にリセットできました。納得できました。

何より嬉しかったのは、私のような入社2年目の社員に、社長自ら2時間以上も対応して下さる会社に、感激しました。当時のアイワールドは、一人の社員が社長に簡単にお会いできるような規模ではなかったんですから。そして、このことで、私は、「打てば必ず響く」という体験をさせていただきました。「自分から発信し行動すれば、必ず応えてくださる人が居る」ということを確信できました。この体験は、今思えば私がその後教育や研修等に関心を持ち、「人を育てる」「人に伝える」ことを自分のテーマに選ぶきっかけになる体験となりました。

今、思い返すと、とにかくアイワールドの研修はとびきりユニークでした。〝攻防戦〟と呼ばれていた研修プログラムに私たち20期の女性が参加をすることになったんです。女性の参加のごく初期のことでした。丹沢の山に、二泊三日、25名程が集められます。外界とは全く遮断された環境に、研修生たちが3グループに分けられて、決められた役割の行動を行うように指示されるんです。何事がはじまるか、とにかく、不安な気持で参加しましたが、社長の指示に従って行動していくうちに、自分の意志とは関わりなく、次々と自分の行動が現われ、次々と、初めての体験が続くうちにミラクルな境地に導かれていったんです。
私たちは、自分の心、自分の魂を素の状態で他人にさらすことは、およそ、したことがありません。たとえ親子の間でも、そういうシチュエーションないですよね。アイワールドの社内研修の〝攻防戦〟というプログラムの中では、「本気で人と向き合う」ことを体験を通じて教えていただきました。「人の人生、丸ごとサポートする会社」に入社することができたことが、私の生き方の根っこの部分にしっかりと、大切なものを与えて下さったんです。

――浦上さんはアイワールドに何年間いらしたんですか。

浦上　入社する時から3年間はお世話になると決めていましたので、3年経って、スーとやめさせて頂きました。アイワールドがいやだとか、不満があったとか……そんなことではなく、自然に、やめました。その理由の一つは、どんな人生を歩むかの具体的イメージはなかったものの、「やりたいことをやれる」という信念は持てていましたので。その頃、ちょうど雇用のシステムに派遣制度が盛んになっていましたので、その制度を活用してさまざまな仕事を経験しました。金融関係の仕事についた時には、金融の仕組みから、経済の仕組み、社会におけるお金の役割など、さまざまな知識を得ることになりました。お給料はものすごくよかったですが、ただただ成果主義の体質には、なじめてはいませんでしたが。その後、外資系の会社に移りましたが、リーマンショック後にリストラされました。即日解雇の社員もいる中、私は通告から3カ月後に退社しました。

——その後、どういう方向に進まれたんですか?

浦上　リストラされた時は今思えばシフトの時期でした。それまでの私はアイワールドで学んだ哲学の一つ「人生思った通りになる」という希望を持ち、目的や目標を設定してそれに向かって仕事や、人生全般の選択をしていました。でも、35歳のこの予期せぬリストラの経験は、全く別の次元の見方をする機会を与えてくれました。それは、大きな経済や社会、または人生の流れには逆らえないという事です。離職中は、視野を広げ、いろいろな葛藤に抵抗するのをやめ、人生の大きな流れを信頼して心が喜ぶ感覚に任せて過ごしていました。そんな時、ある研修や出版・ワークショップを企画運営プロデュースしている会社に出会ったのです。様々な出来事の末、出会ってから1年後に入社し今に至ります。

天職と思っているその会社でのお仕事は、国内外（30％は日本人講師で70％は海外の講師）の様々な分野で活躍している講師（知的タレント）のワークショップ・トレーニング・講演会等の企画・運営・プロデュースです。扱っているコンテンツの分野は、心理技法・自己啓発・精神性など幅広く、業務としては企画運営プロデュースから、海外から来日する講師の日本滞在中のサポートまで多岐にわたります。

国も文化も全く違う知的タレントの講師の方と、心理技法、自己啓発、精神性などの人間の「心」「心理」に纏わるコンテンツの創造から運営までの全てのプロセスには、私が今まで経験してきたこと全てが生かされています。人間力というのでしょうか、情熱と創造性、柔軟性、そしてユーモアも。一番の喜びは、多くの知的タレントの才能に触れ自分自身が成長できること、そして何より、時間とエネルギーをかけて創造したコンテンツと場を多くの方に提供でき、そして参加者の皆様の人生が1ミリでもより良くなった、ハッピーになるきっかけを得られたと喜んで頂けることです

――浦上さんは合氣道をやってらっしゃるそうですね

浦上　主人が合気道の道場を主宰しています。結婚の際に主人から入門することを進められ合気道の開祖植芝盛平の直弟子であられます多田宏師範の道場に入門しました。それから12年たちます。

こちらもたまたまの御縁と流れで始めた訳ですが、今は仕事や人間

関係をより良く構築するためのヒントの多くをこの合気道から得ています。合気道とは、合気和合（あいきわごう）の精神、世界平和のために創造された武道です。試合がないのが特徴で、武道をとおして、対人（相手）と一つになるプロセスを体の動きと型で表現していきます。自己成長、自己探求の武道だととらえて稽古しています。まだまだ未熟なので表現しきれませんが、合気道が伝えようとしている事は、どの分野でも応用可能な、人間がより良く生きる為のエッセンスが含まれていいます。

現在のお仕事で、西洋の先生やプログラムの企画プロデュースをし、家業では合気道の道場を運営できることはとても幸せです。東洋と西洋の教えや学びを比較できる環境にいることでそれぞれの良さ、特徴、違いを学べるからです。日本の精神文化は奥が深く表現しにくい美学である曖昧さがあるので、その事を多くの方に広めたいと思っても、いい塩梅でコンテンツ化するのは難しいな、と痛感しているところです。まだまだ時間はかかるかもしれませんが、最終的には日本の精神性をグローバルに発信していきたいと思っております。そして、少しずつ合気道道場関係者さまからそのようなご縁ができ、私も海外とのネットワークが広まりつつあり、今後が楽しみです。

6　ＩＴ産業を自分流に追求する

大城　浩司

——大城さんはアイワールドではどんなお仕事ぶりでいらしたのですか。

大城　僕はアイワールドでは、自分一人で問題を見つけて、それを自分一人で答を出して、実行していく、というやり方でやっていました。とにかく、「お客様にとっていいこと、お客様に喜んでもらえることは何か」という大命題がアイワールドの根本的大原則でしたから。

——五十嵐社長の根本的理念がそういうことなのですね。

大城　五十嵐社長はアイワールドというスーパーセンターを創業される時から、まず確固たる哲学、価値観を持っていらっしゃいました。その根幹は、「愛」なんですよ。企業の経営理念として、「愛」という、「利益追求を目的とするものが企業である」という世の中の、普通の人々が考えるものとは全くそぐわないものを掲げる会社を、僕達はポカンとするばかりでした。毎朝8時から朝礼があり、そこで、会社の経営理念とか、幹部の心得とか、仕入に催しての心得とか、もちろんお客様への対応の心得など、何カ条もの原則が、定ったかたちで文章化されたものがあって、それを、声を出して、唱和するんです。初めには何が何だかわからなかった言葉の意味が、実際に社員として毎日の業務を続けていくうちに、次第にその本意がわかってきました。そしていつの間にか、それらのフレーズが、自分自身の心の中にしっかりと位置を占めて、自分自身「たしかにそうだ」「そうするんだ」という心持ちになっていきました。知らず知らずのうちに、心にしみ込んでいくんですね。

大城　――アイワールドでは、ご自分のパワーを全方向的に展開して、ご自分のやりたいことを実現できた、ということですか。

五十嵐社長は、僕のある種独断的行動も、それが究極「お客様のためによかれと思えること」であれば、許容して下さいました。何しろ、

「上司の言うことは聞くな」「自分で考えて、自分の足で歩け」「自分がその売場の、その店の一番の主役になるんだ」と言い続けている社長です。そして、そういう行動をとることは、「お客様への感謝・愛情」を具現化することになると同時に、「そういう行動をとれる人間でなければ、その人間の成長はない」というんです。アイワールドで仕事をすることは、「働く本人自身の成長」がなければつまらないだろう、と言われるんですよ。もちろん、何も「成長しなくてもいい」という考えを持つことを全面否定はしないけれど、「人間として生まれてきた」のだから「どう生きるかを考えて、自分の生き方を決めろ、その舞台としてアイワールドを用意してあるんだから」と言われるんです。

僕達は、自由に、しかし責任を持って、自分のアイワールド生活を無中で過ごしました。

――アイワールドを離れてから、大城さんは、大きな野望をもって確実にご自分の世界を創造していらっしゃったそうですね。

大城　大きなことを言うようですが、僕は真剣に「日本を変えたい、日本人を変えたい」と思っているのです。

アイワールドを離れて、自分の会社を作り、どんな仕事を自分の仕事としようか、と考えて、まず、今日の最先端に位置し、今後、急激に進化し、私たちの生活、インフラ、価値観までをも、見たこともない世界に導いてくれる予感のするＩＴ産業を、トコトン自分流に追求してみようと思いました。

そこで、楽天にかかわることにしました。

私は、自分が、実はある目標を見定め、その目標を達成することに全知全能を傾けたいんです。そういう時に、自分は一番熱く、パワーも情熱も最大限に満ちてくるんです。そして、力を尽くし、その目標が達成されてしまうと、そこでそのプロジェクトへの関心は、もうさめてしまうんです。自分は、あくまでもチャレンジング・プロジェクトに関心がある人間なんだと思います。

しかし、チャレンジングなプロジェクトに挑戦する時、実はアイワールドでも同じことをさせてもらっていたと思い当るのです。しかし、アイワールド時代と、今日とは、全く異なる点があります。それは、アイワールドでは、五十嵐社長が作って下さった大きな枠、大きな舞台で資金の心配なく、思う存分動き廻れたということです。もちろん、予算計画、収支計算は自分の責任において組み立てますが、そのプランが、売場の仲間に支持され、賛同を得られれば、社長の反対はありません。予算内の仕事は、自分達の思いのままに実現できたのです。

しかし、自分の会社を持ち、全責任を負って経営を行う中で、チャレンジング・プロジェクトを実行するには、リスクはさけなければなりません。失敗は許されません。

大城

――大城さんのリスクをさけての成功術を、ぜひ聞かせて下さい。

僕は新しいチャレンジング・プロジェクトを成功させようと思う時、次のような方法で行います。

まず、そのプロジェクト実現に必要な専門家集団を集めます。専門家集団は、企業であったり、大学・研究所であったり、行政機関であったり……と、さまざまな箇所から、すぐれた専門性を持つ人々の集団を集めます。まあ、駒を揃える段階です。

次に、各々の専門家集団と、そのプロジェクトに関しての契約を、法律的に有効な契約書を作成して、正式契約を結びます。

正式契約が成立した後、いよいよプロジェクト・実現のプログラムを進行させることになります。

この時、私は、彼等専門家集団を連携する鍵を握る者であり、しかし、このプロジェクトの主役は連携した専門家集団各位であることを前面に出すということです。

デイレイターである私は、あくまでも後方に控え、決して目立ってはいけないのです。そしてそのプロジェクトの成功は、彼等専門家集団の総合力によることを、大きくアピールするのです。

こういう方法で一つ一つのプロジェクトが成功していくことは、魅力ある仕事です。

――今日の日本で、何から着手しようとお考えですか。

大城 日本を変えるには、日本人を変えるところから始めなければなりません。僕は、若者を変えることから始めようと考えました。若者の好きなこと、若者達が作り出すいわゆるサブ・カルチャーは、海外にも進出して、世界の若者から支持されています。しかし日本では、まだしっかりした市民権を得ていないようです。

僕は東京の渋谷・原宿の若者たちの中から、読者モデル的若者を発掘し、今までの価値体系から想定できないサブ・カルチャー的ファッションの発信を行おうと思います。そしてこの「チャレンジング・プロジェクト」にも、専門家集団の連携を行い、行政から民間の異業種まで多岐にわたるプロジェクトチームのメンバーの衆知を集め、新しいタイプの文化の発信を行い、全く新しい欲求の開発、新しい価値の創造、新しい社会システムの誕生等、玉手箱を開けてみたら～という驚きを出現させていきたいんです。

そのぐらいの意外性でインパクトを与え、若者にパワーと情熱を持たせることで、日本人も変わっていくのではないかと考えています。

7

創業の大志を丹沢の星空に誓った

大友　幸雄

――大友さんは五十嵐社長とはアイワールド創立前からご一緒されたそうですね。

大友　神奈川県にダイクマという大型ディスカウントショップがありました。僕は大学在学時、卒業後「何をやるか」ということに明確な目標もなく、大学の就職課に来た情報の中からとりあえず選んで応募していたんです。ある日、その中に「ダイクマ」という名前があり、当時、まだ、ディスカウントショップはめずらしい業種でしたから、そこを受験してみたんです。面接を担当されたのが、当時ダイクマの営業部長だった五十嵐社長でしたが、その時「この人なら」という思いがあり、入社を決めました。

――ダイクマでのお仕事は?

大友　早速文房具の担当として、働きはじめましたが、その仕事は肉体労働でした。週に1回ぐらい11t車で半紙が入荷するんです。何しろ仕入の量は大量です。11t車1台分の半紙を、当時はフォークリフトもない時代ですから、人間が、かついで下すしかないんです。段ボール箱に詰っているんですが、1箱30kgあるんです。その荷下しの仕方から、五十嵐部長に教えてもらったんです。部長なのにランニングシャツ1枚になって、僕と一緒に荷下しをして下さるんです。僕は五十嵐部長の背中を見て、「働くとはこういうことなんだ」と強く心に刻まれました。

大友　――入社されて、大変大きな出来事があったということでしょうか。

さらに、ある日、毎週水曜日には入荷することになっている商品が入ってこないんです。夕方になっても来ない。棚が空になったままですから困るんです。電話ですぐ入れてくれるように抗議もしたんですが相手は全く誠意がない。ヤリトリをしているうちに、売り言葉に買い言葉で「わかった、もうお宅とは取引しない」と言ってしまったんです。僕はまだ入社して間のない新人です。その僕がとんでもないことを言ってしまったと、青くなって五十嵐部長のもとにかけ込みました。当然、おこられるだろうと覚悟しました。ところが五十嵐部長は僕の目の前で相手の社長に電話を入れ「お宅とはもう取引しない」と言って下さったんです。僕は「この方についていこう！」と、その時強く思いました。

五十嵐

僕は自分の行動、自分の考え方を「これでよい」と納得する規準を、ダイクマの2人の人物が僕をどう評価してくれるかに置いたんですが、そのうちの1人が大友さんだったんですよ。僕の教え、僕のやることを大友さんが「よし」としてくれれば、それは間違いないと、自信をもって進められる。そういう信頼関係が出来ていましたね。

僕がダイクマをやめると決めると、大友さんともう1人の2人が「何が何でも五十嵐と一緒に仕事をしたい」と言ってくれました。僕はダイクマから社員をつれて出るのはやめようと決めていたけれど、この2人の熱意に動かされて、一緒にやめることになったんですよ。

大友

五十嵐社長はダイクマをやめて、やはりダイクマで学んだ小売業ということで3人でアイワールドを立ち上げたんです。社長は夢を、将来のアイワールドの姿を、よく我々に語ってくれました。幸いアイワールドをオープンしてすぐ、売行は絶好調。お蔭で3人共寝る暇もない毎日となりました。ある晩、それも夜中迄仕事に追われていた時、五十嵐社長が「そうだ、山へ行こう」と言い出し、3人が小型トラックに乗って、丹沢へ向ったんです。丹沢は五十嵐社長にとっては庭みたいなものですから……。山のとある草むらに車を止めて、3人、寝ころがって満天の星空を眺めたんです。五十嵐社長は大いに夢を語りました。我々2人も、五十嵐社長の夢の中の人間となって、思うまま、一緒に夢を語りました。あの夜の満天の星は、今でも鮮明に残っています。あの星空は忘れられませんね。五十嵐社長と僕達の3人は強い絆で結ばれている、そう思いました。

――五十嵐社長を中心に3本の柱で、アイワールドはスタートされたんですね。

五十嵐　経営理念、経営信条は俺が作ったけれどアイワールドの社名を決めるところから3人ではじめたんだよね。社名を決めた夜のこともよく覚えている。12時すぎに「アイワールド」と決めて「決まった」「さあデザイナーのところへ行こう」といって、アイワールドのマークを作ってもらいに行ったんだ。マークが出来てきた時は嬉しかった。僕は赤がすきで、マークは赤、トラックも赤、名刺もまっ赤に白ヌキの文字で作った。

大　友　社長は、会社は人・物・金この三つの柱が大事だ、3人いるから一つずつ受け持とう、とおっしゃるんです。社長は人、もう1人は物、そして僕は金。「それぞれ受持ってもらう。自分の受持ち以外には口は出さない」ということになったんです。僕は経理なんて全くわからない。税理士先生に来ていただき一から教えていただく始末です。振替伝票の書き方から教わったんですから。でも、色々な助けを受けて100億ぐらいのところまで、やらせてもらいました。

五十嵐

僕は金のことはすべて大友さんにまかせ、会社の実印から通帳まで全部大友さんの管理にゆだねて。だから僕はツッ走ることができたんです。

渋沢でアイワールドが始まった時、我々3人の他には奥様方3人、それにパートさん6、7人だったんです。その時から、毎朝経営理念・経営信条を大声で唱和しました。3人のうち、1人、2人欠けても残りの2人、あるいは1人で、やりました。「1人でできないものは大勢でもできない」と思っていたからね。

大友　五十嵐社長はアイワールドを成功させるという使命感につき動かされていますから、まわりに居る者は社長の使命感に感化されて、自然に動いていく、そんな感じです。とにかく組織を動かすのはトップの使命感の強さです。それがなければ動きません。

五十嵐　だから「出来る」とか「出来ない」っていう話じゃないんです。「やる」か「やらないか」、ただそれだけなんだ。

大友　アイワールドがスタートしてから3ヵ月間は、我々3人、だれも1日も休みませんでした。

五十嵐　ある朝、体が全々動かないんだよ。急いで医者に点滴注射をやってもらい、マッサージを受けて、やっと元に戻りましたが――死ぬかと思いましたよ。

大友　どんな世界でも、ひとかどの仕事をしてきた人、功成り名をとげた人は、こういう体験、限界まで頑張ることを経験しているはずですよ。その道を経なければ、大きな仕事はできないと思います。自分が経験したから、実感として、そう思います。

――渋沢店から相模原へと拡大されたのは、創業からまだ間もない時だそうですね。

五十嵐　相模原店をオープンするのは創業からわずか1年目です。渋沢店の売上が5億の売上げが20億になっちゃうんだから。相模原店をオープンする時、大友さんは反対しましたよ。「資金どうするのよ」ですよ。

大友　でも社長は「やるといったらやる」んだから、やるしかないわけです。

五十嵐　ボーリング場だったところを借りて、改装費が2億です。工事がほぼ終りに近づいた時、改装をお願いした会社が「お金はいただけるんですか？」というんで「ないよ。新装開店してからの売上げで支払うから」ということで納得してもらい、1年がかりで支払いましたよ。

大友　銀行の支店長さんも、意気に感じるタイプの方が来て下さって。僕は支店長室に通って、一から教えてもらいました。取引先の新参者を、そこまで面倒みて下さって、僕達が「やると決めたらやるんだ」という社長の信念を天が助けて下さった、そんな気がします。信念の強さがベースですね。

五十嵐　この2人がトップだから、入ってくる社員は逃げ場がないんだよ。

大友　逃げ場がないというより、結局、まわりのやっているように見習っていくわけですからね。目の前にどんなことがおこっても、でも、あ

五十嵐　の当時の気持を思いおこすと、だいたい「なんとか対処できる」と、腹が坐りますよね。「できるたけのことはやったから」と――そんな気がしますね。

大友　僕はおかまいなしに50億だ100億だと必要な資金を要求するから、財務は本当に大変だったと思うよ。

お金が足りなくなると売場まで出掛けていって、商品の回転状況と資金の回転の話をするんです。具体的に詰めていくので売場の責任者も納得して、売上げの上る仕組みに積極的に自分達の動きを合せていくようになります。全社員が一丸となって一つの歯車を回しはじめたら――売上げは見事に上っていきます。

五十嵐　大友さんは現場の経験があるから、現場に入りこんで、財務の原理を商品管理と販売の最前線迄の仕組み、流れをていねいに指導してくれたから、現場の責任者も十分に理解し、専門家に育っていってくれた。研修会もよくやったよね。

――大友さんはアイワールドを離れられたのはいつ、そして何故に。

大友

五十嵐社長と15年ぐらい、アイワールドの一翼を担わせてもらい、業績は絶好調の時、妻の実家の商店を継がなければならない事態になり、心残りであり、心苦しく、申し訳ないと思いながらやめさせてもらいました。

今は妻の実家の事業も区切りがつき、しばらくは、ノンビリしようと、特に仕事を入れずに過ごしています。

――アイワールドであれだけのお仕事をされた方です。この先も、次の世代への発信をしていただきたいです。

8 「お一人様一回限りの人生」を生きる

岡崎　有五

――アイワールドでは店長として活躍されたそうですね。

岡崎 「活躍」という表現は別として、アイワールドでは色々なことを学ばせてもらい、色々なことを経験させてもらいました。

五十嵐社長の言葉の中で、いちばん強く残っているのは、「人生お一人様一回限り」というフレーズです。アイワールドを離れてからの僕の人生は、山あり谷ありでしたが、その時々、「心を定めて、また前へ進もう」と自分自身を冷静にさせ、奮い立たせてくれたのは「一回限りの人生だ！」という思いがあったからだと思っています。

――岡崎さんはアイワールドに入社なさったのは、どんな経緯ですか？

岡崎 僕は大学を卒業して、小売業というものをやりたいと思っていたんです。それで三つほど入社試験を受けました。その中の一つがアイワールドでしたが、筆記試験では、自分では駄目だと思っていたところに電話をいただき、「面接に来て下さい」とおっしゃるんです。筆記試験が済んだすぐ後のことですから、試験の結果も出ているはずはないのに——と思いながら面接にいきました。

その時、対応して下さったのは、後で知るわけですが、五十嵐社長と、アイワールド創業時から行動を共にして来た大友さんという方だったんですが、その大友さんから「君は採用です」と言っていただいたんです。

そして、実は5月に本社のある相模原から少し離れた東大和に新店をオープンするので、オープン研修からスタートしてもらう、ということでした。東大和店のオープン要員として、丁度タイミングよく入社できたわけです。

入社に当っては、東大和に寮が完備されていること、勤務時間は何時から何時まで、休日はこれこれ、と条件を挙げて説明を受けましたが、入社してみたら、それは殆ど空手形でした。寮なんていうんじゃなく、先輩社員の下宿に同居させてもらうかたちでしたし、何しろ東大和店のオープンは5月です。4月入社の新人も、研修どころではありません。即、目の前にオープンまでにやりとげなければならない仕事が山積しています。訳もわからない新人は、先輩の指示に従って右往左往し、こまねずみのように働きました。

そして、東大和店がオープンしました。

アイワールド相模原店の評判は知れ渡っていましたから、東大和店も開店と同時に、大盛況です。僕たち新人社員も、日中に売場でフルに働きました。

——新入社員としては、研修期間もなく、すぐに売場に立つことになったのですね。心構えというか、売場に立つ人間として、不安はなかったですか。

岡崎　アイワールドには、実は経営理念から、お客様に対する心構え、更には仕入れの基本的考え等々、アイワールドの理念が見事にまとめられた文章があるんです。それは五十嵐社長の「生き方」「生きるとは」「人生とは」という人間としての根源を、アイワールドのすべての人間が胸に、体に、心に沁みこむように空んじている——そういう、ふしぎな会社なんです。

僕も入社すると、毎朝8時の朝礼に必ず参加して、社の経営理念・仕入れ7カ条などを、全員唱和することから始まりました。始めは意味も正確には理解できていないんですが、毎朝、声を出して皆で読み上げるのですから、次第に暗記してしまい、頭にしっかりと入ってしまいます。

するとふしぎに、毎日の仕事の中で、お客様とのやりとりの折に、その時に必要なフレーズが、頭に浮かんでくるのです。仕入れを担当するようになり、問屋さんとの交渉や、つきあいの中で、ふとふさわしい言葉が頭に浮んできます。すると自分で自分の胸に浮んだ言葉をかみしめて、その時の自分のふるまい方をコントロールできるようになっていくんです。

――アイワールドの経営理念、それはどんなものですか。五十嵐社長の経営の根幹は何ですか。

岡崎　一言でいえば「愛」です。それはすべてに対する愛です。ですから、アイワールドは小売業ですが、お客様に、小売業として提供する「もの」を介して「愛」をお届けするのが使命であるという考えです。「お客様が喜んで下さる」――それを唯一最大の命題として、私たちは仕事をしてきました。そして仕事をする僕自身も、一人の人間として「お一人様一回限りの人生」を大切にし、自分の人生の全力投球をする場として、アイワールド時代を生きたと思っています。

――アイワールド精神を、皆さんはどんなやり方で身につけていらっしゃったのですか。

岡崎　入社して実際の仕事のやり方は、社長の思い切った方法で行われました。
社長の「愛」の根幹は、どんなところにもゆき届いています。まず我々社員は、ほぼすべての権限を与えられているんです。「お客様が喜んで下さる」ならば、という大前提がありますから、すべての社員に自分のアイデア、提案を具体的に展開できるチャンスがあるんです。「こんなことをやりたい！」と思えば、ミーティングで申し出ればいいんです。すると仲間が意見をドンドン出してきます。「よい」もので、社員の賛同を得られれば、実現のための予算組みです。店長には、予算の決済権も与えられています。僕も最初の東大和から相模原の店舗の店長に移籍したあと、年間55億の予算を使わせてもらいました。社長の決済なしにです。

――社員のやる気は最高潮でしょうね。

岡崎　そうです。自分達で考え、自分達でどんどん実行していき、お客様が喜んで下さり、そして売上という結果がついてくるんですから、ちょうど祭りのような楽しさ、そして、それを仕掛けた充実感は、何ものにも代えがたい宝物をいただいた気持になるのです。

入社当初、夜中には少し前の時間に退社しようとして、先輩から、「まだ12時になってないゾ」と言われて、「ちょっとこの会社、大丈夫かな」と思った気持などどこにもなく、仕事がおもしろく、楽しく、夜中の2時3時までやって、そのまま会社のあちこちに寝場所を探して泊ってしまうこともザラでした。

アイワールドの時間は、「人生お一人様一回限り」の僕の人生の根幹を与えて頂いた時間でした。

――アイワールドを離れ独立されてから、ビジネスで大きく成功を収められたそうですね。

岡崎　アイワールドで学ばせて頂いた経営の理念、その他、商道の基本を守り、卸売業を立ち上げました。アイワールドの理念を自分の足で、自分の力で実現してやろうと奮闘しました。

おかげ様で、大いに隆昌しました。利益が上りました。当時、五十嵐社長とお会いする機会がありました。後年、社長が「当時の岡崎には、ある種のカリスマ性が見られた」とおっしゃって下さいました。自分としては、得意絶頂の時でしたから、この先は、発展だけしかない、という気持だったと思います。

しかし、勢いにまかせてつっ走り、結局、15年ほどの間に、もろくもその会社は消えていきました。

僕は、そこで初めて挫折というか、人生のどん底というか、そういうものを味わうことになりました。

その時、頭に浮んだのは、五十嵐社長の顔と、「人生お一人様一回限り」ということばです。僕は、「自分が今やるべきことは何か」をはっきり自覚しました。そして「オール肯定」というアイワールド五十嵐社長の姿勢こそ、今、自分が体現すべきこととしっかり受け止め、残務の整理に、誠心誠意尽くしました。失ったものは大きかったかもしれません。しかし自分は「お一人様一回限りの人生」を、道ふみはずすことなく歩き続けていけると思っています。

――今、現在は、とても心楽しく、豊かなお仕事に携わっていらっしゃるということですが。

岡崎

会社の残務整理を終えてしばらくして、かつてのビジネスの折に交流させていただいた会社の社長に連絡をとらせて頂き、現況のご報告をしたんです。すると、その社長からお誘いを頂き、今の仕事を始めることができました。

日本の職人が手塩にかけて作り出す「和」の感覚の高級家具の販売です。

原材料だけは海外から輸入するものも使いますが、製作は日本の伝統的家具を製作する職人が作り続けている家具の良さを認めて、愛し、使い続けて下さるお客様に、手渡しするようにして買っていただく仕事です。

お買上げ下さるお客様は、年配の方で、お仕事もお医者様、弁護士さん、大学の先生など限られた階層の方々です。売り手も、僕が一番若手になるような、売手の信頼度も求められる世界です。しかし、一度お客様になられた方とは、その家具を介して、親しくて、長い関係を続けさせて頂きます。寿命の長い家具という商品ですから、お客様の御家族の次の世代までも含んで親しい関係を結ばせて頂き、その御家族を見守り続けられる喜びを感じています。

また、これらの伝統家具作りの職人さん達との交流も生まれ、今や貴重な存在となっている職人さん達に、そして日本のよい伝統の存続にも、何らかのお役に立つ仕事をしたい、と考えています。

インターネットやスマホで人と人との交流、物の流れが行われることが主流になった時代になりましたが、僕はface to faceで物の交流が行われる場所で、自分らしく仕事をしていこうと思っています。

9　攻防戦で「愛と感謝の人間力」を

鬼頭　祐二

――鬼頭さんは札幌のご出身だとうかがいましたが、それが、はるばる神奈川の会社に入社されたのはどんないきさつからですか？

鬼頭　僕が札幌の高校を卒業する年、アイワールドが札幌に出店される計画があって、高校卒業生を現地採用するということで、採用の説明会が札幌で開かれたんです。

僕は、高校で野球をやってまして、神奈川県のある大学から、スポーツ入学の誘いを受けていたんですが、そんな折、アイワールド現地採用の説明会があり、そこで、僕はすばらしい方と面談することになったんです。斉藤さんという方で、アイワールド担当者としてお会いしたんですが、僕、すぐにピピッと感じるものがあったんです。仲間3、4人と一緒に説明を聞きましたが、斉藤さんにはひかれるものを感じて、「お父さんと一緒にもう一度いらっしゃい」と言っていただいたので、すぐさま父と共に、もう一度斉藤さんにお会いしました。そして僕は、誘いのあった大学のスポーツ入学を断って、アイワールドへの入社を決めました。

——お父様も賛成されたわけですね。

鬼頭　父も斉藤さんの人柄に接して、安心したようです。それで、高校卒業式の次の日に上京することになりました。アイワールドがどんな会社かということも全く知らずに入社を決めたんです。上京するのは、札幌店の開店前に本社で何ヵ月か研修を受け、札幌店開店の時には札幌に戻ってくるということでした。

神奈川県の店へ着いて、色々びっくりすることばかりでした。神奈川の店の近くには社員寮があること、勤務時間は8時45分から5時45分まで、週休2日、ということを聞かされていましたが、実際には全々違うんです。

それよりも、入社初日から、苛酷な労働にさられることになり、驚いてしまいました。1日に、じゅうたん300本ぐらい、丸く巻いたものを運ぶという任務をまかされたんです。丁度、会社が年に1回開催するビッグデイの催しのために、新入社員の僕も加えられたというわけです。

入社前に説明を受けていた社員寮は完備、始業・終業の時間は、就業規則上はそうなっているかもしれませんが、社員の方がそんなルールは守らない——その訳は、後でわかりましたが、社員が自分の仕事は自分で決めて、自分で仕事が楽しくて楽しくて、早くからおそくまで店内ですごしてしまう、という、サラリーマン体質とは全く違う、いわば社員一人一人が自分の売場の社長であるという意識と社長の体質になってしまっている人々の集合という、およそ他に類を見ないふしぎな人々のいるところになっている——それがアイワールドだったんです。

——しかし入社された当時はずいぶん面くらってしまったのではありませんか?

鬼頭

もちろんです。それで、本来あばれん坊の僕ですからしばらくして、デモンストレーションをやりました。他の人々の行動に同調することをやめて、朝は8時45分に出社し、夕方は5時45分にサッサと退社する——それを1週間続けました。

当時、僕が配属されたのは相模原本店ではなく、東京都東大和店でした。その店の店長は岡崎さんという方でした。岡崎店長は、我々の勝手な行動を、1週間か2週間だまって見ていました。十日目ぐらいに入ったある日、僕は岡崎さんに呼ばれました。その時の岡崎さんの僕に対する行動に、僕は今迄受けたことのない衝撃を受けたんです。

「いいかげんにしろ。イヤならイヤでキッパリやめていいんだぞ。やめるか続けるか、自分で決めろ。自分で決めて、入社したんだろう。だったら、やめるか続けるか自分で決めろ。」と、本気で怒ってくれたんです。僕はその時、目が醒めました。そして「よし、やってやろう！」と思いました。そして「やるならトコトンやってやろう」と我々3人共に思いました。

あの時、店長が岡崎さんでなかったら、僕は、ただのあばれん坊のままだったと思います。岡崎さんに本気でしかっていただいたことが、僕のその後の人生を変えてくださったんです。

――その後は、アイワールドのスピリットを身につけて、活躍されたわけですね。

鬼頭

とにかく、その時、目の前に現れる大小のプロジェクトを全力投球でこなし、解決し、すばらしい出来栄えの結果をもたらすこと――その連続がアイワールドの仕事でした。入社してそれまで五十嵐社長とは親しく話をしたことはなかったんですが、岡崎さんにしかられてから1週間程して、五十嵐社長が東大和店へいらっしゃって、店内をまわられた折、「おお鬼頭さん元気ですか」と声をかけて頂いたんです。五十嵐社長は色んなことに勘のするどい方なので、僕達、東大和のあばれん坊のことを察知されて、声をかけて下さったんではないかと思うんですが、僕は僕で「僕はこの方と、アイワールドを一緒にやっていかなければならないんだ！」と運命的なものを感じました。

――アイワールドでのスタートにそんな出来事があったんですね。ところで、いよいよアイワールドでの本格的な仕事は、どんな様子でしたか。

鬼頭

岡崎さんに怒られた1週間後、社長が東大和店へいらっしゃって、声をかけて下さった時、「来年の周年記念プロジェクトのリーダーはどうだ？」と言って下さったんです。

周年記念プロジェクトとは、毎年、その年の〝○周年〟の日を記念して、全店をあげて、お祭りのイベントを開催し、お客様に喜んでいただくんです。そのプロジェクト・リーダーは責任重大です。そんな大役を19歳の僕にまかせて下さるなんて、正直その責任の重さ、その仕事の意味など、殆ど知らないまま、引き受けることになりましたが、社長のこういう思い切った仕事の与え方に、社員は必死の思いで応えていくことになります。こうして社員は「素の自分」から「真の自分」を発見し、「真の自分はどう生きればいいか」を、仕事をやりとげるうちに自覚し獲得していくんです。

鬼頭　——実践の中で社員研修が行われているのですね。

入社1、2年目には、社長がやって下さる社員研修というものがあります。そこでは、「人間とは何か」「生きるとはどういうことか」「人に対する愛とは」という人間としてのあり方を知るためのプログラムが用意されているのであって、実務的な知識とか、判で押したような社員の行動パターンなどを示されるということはありません。何しろ「上司の言うことは聞くな」とか、「自分のエネルギー、自分の考えで動け」というのが五十嵐社長の鉄則ですから。

社員研修の最大のものは、「攻防戦」というものでした。我々の時代には、僕のような社員が80人ぐらい、1週間、丹沢の山にこもって研修を受けました。

　研修は、80人が3グループに分けられて、それぞれ　①相手グループを攻撃するチーム　②相手チームから攻撃されるチーム　③二つのグループの攻防を見守り審判するグループ　に分けられ、論戦を斗わせます。この時、①と②のグループは、その役割に徹して、決して反論しない、余計な言葉は発しないことが鉄則です。その時のグループ①のくやしさ、腹立たちさは並ではありません。

　次の日は、各グループの役割が変わり、前日と同じことが行われます。①グループが前日のくやしさをぶつけて、攻撃を展開します。こうして①②③すべてのグループが三つの役割を体験します。そうしているうちに、攻撃に熱中していた時、攻撃の相手は、相手チームではなく、自分自身であることに気づくんです。欠点をあげつらうことに熱中していると、その欠点というのは自分自身の欠点のことだと気づいてくるんです。

こういう論戦を斗わせている中に、「そうだったのか」と気づく瞬間が来ます。その瞬間、社長がその人間を抱きしめて、「そうだよ、わかっただろう！」と言って下さるんです。その瞬間、自分がとらわれていたしがらみ、考え方や行動の枠の規制が一切消えて、「人間の真の心、無償の愛」に気づくんです。

こうして1週間の研修の最後に、両親への手紙を書く事になるんです。僕は、中学時代からやんちゃをして、両親に迷惑をかけ通しでした。その僕が、「父のあの時のことば」「母のあの時の顔」が次々と現れてくる中で手紙を書くわけです。後日、両親は「僕がどうかなってしまったのか」と思うほど驚き、涙を流したということです。

この研修を経て、僕は、「本当の自分」として、五十嵐社長の愛に見守られて、力一杯、生きていくんだと、心が定まりました。

――鬼頭さんはアイワールドに何年間いらしたのですか。

鬼頭　17年間働かせてもらいました。最後はアイワールドの子会社の方で、仕事をさせてもらいました。

――鬼頭さんの現在のお仕事は――

鬼頭　アイワールドから離れてから、大手の資本の、創業40年程の会社に入りました。その会社が今年、資本が他に移り、それを機に新規事業を立ち上げることになり、今は法人営業部として、新規事業のマーケットの拡大が僕の責務です。毎日、大手の会社のトップとの交渉に当たっています。アイワールドで学んだ「人間力」が今、僕のパワーの源です。どんな人に対してもどんな事態になっても、「何としてでも解決する」「解決できる」と自分を信じ、前へ進んでいます。

五十嵐社長にも「今の僕を見ていただきたい」思いです。お会いできて嬉しかったです。僕はまだまだ発展途上です。これからもどうぞ見守りご指導下さい。

アイワールドの仲間達にも、最近無性に会いたくなり、入社時期の近い人達に、会いはじめています。

10
青春の地で、今、人生設計のお手伝いを

清塚あかね

――清塚さんはご出身は新潟でいらっしゃるそうですね。

清塚　新潟にもアイワールドの店があったようで、その流れからかうちの高校にも求人が入っていました。私は高校卒業して18歳で入社したのですが募集要綱を見て「アイワールドに行ってみよう」という気持ちになりました。私は5歳まで横浜に居たので神奈川県というだけで親近感を感じました。ところが相模原に来てみると案外と田舎で、まわりの仲間からは、「都会に来たい人がなぜ相模原を選んだんだ」とよく言われたのを覚えています。

――新潟から相模原へ就職される決心をされたわけですね。

清塚　親元を離れ、友人達とも別れて単身で相模原にやってきたわけですから、心細さや不安もないわけではありませんでした。でも幼い頃住んでいた横浜に近い街へ「帰れる」というような嬉しさと、新しい世界へ飛び出せるという期待感も大きかったのです。それにアイワールドには寮がありましたので、住むところも安心でしたから、寮があったこともアイワールドを選ぶ大きな要素でした。

――いよいよアイワールドに入社され、寮にも住むことになって、アイワールドはどんなところでしたか？

清塚　親元を離れ、一人で生きていくことになり、すべてが全くはじめての経験でした。とにかく、新しい生活に一日も早く適応しようと無我夢中でした。会社の先輩は、皆さんとても大人に見えました。何でも知っている頼りになる先輩たち、しかし、後でわかるんですが、すごい経験豊富な先輩に見えた人達も実はほんの一年先輩にすぎなかったというのです。「たった一年間でこんなにベテランの社員になれるんだ」とびっくりしたり、自分もそうなれるのか……と思ったりしました。でも私はアイワールドに入社できて、本当によかったです。仕事ができる人間になれたとか、そういうことではなくて、人間としての「生きるということは何なのか」ということを教えていただいたということです。

――「生きるとは何か」ということは、どんなかたちで学んだと思われるんですか?

清塚　五十嵐社長は、アイワールドの「経営理念」とか「社是」とかを、はっきりと文章化して、社員に示して下さっていました。そしてそのような文章化された会社の根本精神を、毎朝、各店ごとに行う朝礼で、全社員が声に出して読み上げるんです。そのほかに、毎月社員全員に配られる「生きる」という月刊誌に、五十嵐社長のアイワールドにかける情熱がコンパクトに、しかし密度濃く詰め込まれているんです。私たち社員は「生きる」という月刊誌を、毎月心待ちにし、その中にもり込まれたエピソードの具体例や、五十嵐社長の抱負や、「語録」

の文章に、一つ一つ、心を動かされ、「生きること」の本質に、一人一人が気づき、それぞれに自分の「生きる」根源を手に入れていったというわけです。

ですから、アイワールドは、私の「生きる力」の源を作ってくれた、と心の底から感謝しています。

清塚　――しかし、お仕事はおいそがしかったんでしょう?

アイワールドのモットーは「仕事も遊びも一二〇パーセント」でした。アイワールドの社員研修では、たとえば商品の並べ方とか商品知識とか……小売業の社員が身につけなければいけないいわゆる実務教育のような知識やスキルの教育などはあまりなかったように思います。ただ、「お客様が喜んで、楽しくお買物をして下さり、そして満足してお帰りになられる」ことを最大に実現するために私たち社員は何をすればいいか、――それは一人一人が自分で自分が納得できるやり方で考えなさい――ということだけを、しっかり言い渡されたということです。

そして、私たち社員は、配属された売場で、その売場の責任者――部門リーダーといっていましたが――そのトップの下、何人かの先輩から、見よう見まね、手とり足とりの指導を受けつつ、売場の現場で、お客様への対応の中で、学び習っていきました。1年先輩がやはり1年のキャリアは大きいと思わせる、偉大な存在だと実感し、自然に先輩に対する尊敬の気持が生まれてきました。

そして仕事も遊びも一二〇パーセントです。私には仕事も〝部活〟のように感じられ、いそがしいことはものすごくいそがしかったですし、当然、退社時間も夜中になったりということもザラでしたが、苦しいとか辛いとかという気分には不思議とあまりなりませんでした。それどころか、今では考えられない女性の長時間労働も、何しろ「部活」ですから、みんなと過ごす「楽しい、目標へ向かっての自分をフルに活動させる充実の時間」でした。「仕事も遊びも」といいますが、いわば「仕事と遊びの区別がつかない」そんな時間をすごしたように思います。

――清塚さんは何期でいらっしゃったんですか？

清塚　私は21期で、同期入社は52名でした。私達の頃が、新入社員採用数ではピークの頃だったようです。私は入社直後は総務で電話番からはじまりました。総務のあと、ブランド部門で芦野さんの下で仕事をさせてもらい、洗剤部門に資生堂コーナーが新設される時にそこに移りました。資生堂の社員さんも来て下さり、対面で美容部員として売場に立ちました。その後、相模原店から東大和店に移り、パソコン部門にいました。アイワールドでは入社して3年経つとアメリカ研修に参加できることになっていて、とても楽しみにしていたんですが、私のとき、その制度が中止されて、アメリカ研修には行けず本当に残念でした。私は3年勤めたアイワールドを21歳で退社しました。

アイワールドは私の青春でした。人間として、人生どう生きていくか、その根本の原理・原則を教えていただいたのがアイワールドだったと思っています。

清塚　――清塚さんはお若くて結婚されたそうですね。

21歳でアイワールドをやめてすぐ結婚、翌年長男が生まれ、その後、長女ももうけました。結婚後も相模原に住んでいたものですから、今度はお客さんとしてアイワールドへ買物に行きました。

売場では皆さんが、生き生きと働いていて、とてもうらやましく、自分だけ取り残されてしまったように感じ、淋しい気持になりました。

清塚　――清塚さん、今はどんなお仕事で頑張っていらっしゃるのですか？

今は外資系の生命保険会社です。この会社で私はお客様の人生設計のお手伝いをするという立場で、直接保険に関係のない部分を含めて、じっくりお話し合いをさせて頂いて、その先に、保険がお役に立つ部分をご提案させて頂いています。

アイワールドの地元ですから、お客様との話しが進み、私がアイワールドの出身だとわかると、ほとんどのお客様がアイワールドの思い出話をなさいます。アイワールドは「社長は五十嵐さんだったよね」とか「あそこであなたとも会ったかもしれないねー」とか、私のこともとても身近に感じて下さるような様子になっていきます。アイワールドがあった時には「相模原の人達が家族でお買物や、ちょっとした遊びに出掛けていくのはアイワールドだったからねー」と、当時のアイワールドの楽しさをなつかしそうに話をして下さるんです。アイワールドはお客様に愛されていたことを改めてありがたく感じています。私は現在の仕事もアイワールドで学んだことに肉づけをしているようなものだと感じています。原理原則はすべてアイワールドで身につけさせてもらったんですよ。

――お子様も大きくなられたとか……

清塚　結婚して2人の子どもが生まれましたが、その後離婚し、私が2人を育ててきました。子どもが小さい時は、日中、保育園やら学童保育やらにフルにお世話になって乗り切ってきましたが、今、高校1年生と中学2年生に育ってくれました。もう子ども達だけでも、いろいろなことができるようになりました。これから先は……と。お客様の人生設計のお手伝いをする仕事のおかげで、人間の生き方について考えることを、日々積み重ねることができます。まだアイワールドのことをご存知の方の多い相模原で生活しています。アイワールドの仲間にも何かことあるごとに、いろいろアドバイスやら支援やらをしてもらえることを本当に感謝しています。いつまでたってもアイワールドの力に大きく包まれています。そんな街に、子ども達と生きていきます。

アイワールドは、私の青春そのものでした。

11

「ふつうじゃない会社」で、お客様も自分も喜ぶことを

関井　和彦

――アイワールドで経験された小売業の体験は、どんなものだったのですか？

関井　アイワールドを離れて、今の会社に入って10年が経ちました。10年経った今ふり返ってみると、アイワールドという会社は「普通じゃないことだらけの会社だった」と思うようになりました。

――「普通じゃないことだらけ」ですか？

関井　とにかく五十嵐社長の会社経営の根本理念が「〈愛の具現化〉のためにアイワールドという会社が存在するのだ」ということであり、その社長の信念は、全くゆるぎないことであった、ということです。
従って、一人一人の社員もその社長の信念の下に、五十嵐社長が周到に用意してくれたアイワールドという場を、自分のステージとして、自分が主役を演じればいいのであり、そこで主役を演じることが、一人一人が輝くことになり、一人一人の自己実現のための行為であるということだったのです。

——自分が主役を演じるんですね。

関井　そうです。そのため、五十嵐社長は僕達に、絶えずさまざまな言葉を与え続けて下さいました。

たとえば「自分のエンジンで動け！」「上司の言うことは聞くな！」そんなことだけを言う社長です。社員は、その言葉の下で、自分で考え、自分で動かざるを得ません。そして「何のために」「どう動くか」を決める指針は「お客様に満足を持ち帰っていただく」ことを至上命令とするということだけです。

関井

――アイワールドに入社された動機は何でしたか。

僕の実家は金物屋でした。大学を卒業して、漠然と実家に帰って家業を継ぐことになるのか、といわば予定の人生コースを漠然とイメージしているだけの状態の時、相模原でなかなかおもしろそうな店があることを知りました。その前に、小売業のダイエーなど何社かを注意して見ていまして、将来、実家の仕事をやる時につながるかもしれない何社かを見てはいましたが、アイワールドを訪問した時、ちょっと、この会社は違うぞ、と思いました。

ただ、先輩社員の話を聞き、先輩社員から五十嵐社長の話を聞いて、正直始めは「ちょっとイヤだな」と感じたんです。

何度目かに訪問した時、初めて五十嵐社長にお会いしましたが、その日の帰りには、「この会社に入ろう」と決めていました。社員の誰からも、「入社しませんか?」という誘いを受けた訳でもなかったのにです。

――そして入社されたんですね。ご実家の跡継ぎはどうなりましたか？

関井　両親には、「自分の人生だから、自分が納得できるように生きてみたい。アイワールドを選んだ僕を見守って下さい」というような意味の言葉で両親に話しました。ただ、当時20歳、21歳の自分の気持として、こんな言葉が自然に出てくるはずはないですから、アイワールドの先輩、五十嵐社長と、ほんの何回かしか会っていないその中で、きっと自分に言って下さった言葉が自分の心に入っていて、それが両親への言葉となったんだと思います。

――入社の時、思い切った行動をとられたとか――

関井　僕は、アイワールドに入るのは、小売業を学びたいからではありませんでした。五十嵐社長の話を聞き、「自分を試してみたい」あるいは「戦ってみたい」と思ったんです。「自分の身一つで、何ができるか、戦ってみたい」と思ったんです。「戦うには、自分は裸で戦うしかない」と思い、裸で挨拶に臨みました。

――入社されて、どんな毎日でしたか?

関井 今まで、誰も言ってくれなかったようなことばかり、毎日、ボンボン言われるんです。社長に会うと「生きてますか?」とか「生きまくってますか?」とかおっしゃるんです。「売れてますか?」なんて、一度も言われたことがありません。廻りの社員の会話も皆同じですから、それが普通だと思っていました。

――関井さんはアイワールドに何年在籍されたんですか。

関井 僕は19期入社です。創立から19年経った時入社したんです。7年間、アイワールドの殆ど東大和店で働きました。

入社して、「自分の足で歩く」のに、「上司の言うことは聞くな」ですから、しばらくして気がついたです。「これは自分が動かない限り、何も起きないんだ！」と。そこでトコトン考えて、できることは何でもやってみようと。6ヵ月ぐらいたつと自信がついてきて、しらずしらず天狗になっていきそうになります。すると秋に、攻防戦という3日間の丹沢での研修がやってくるんです。攻防戦とは何か？ 事前には何の情報も与えられず、1チーム数名の仲間が3グループ、人里離れた山にこもり、トコトン自分と向き合うための研修に参加するんです。五十嵐社長が作り出された「自分に気づく」「人間とは何か」「生きるとは、生かしていただいているとは」「両親とは」等々に気づき「自分とは何か」に徹底的に迫ることができるようなプログラムです。「はげしいやりとり」「きびしい追求」は、プログラミングされたルールに従って行われるんですが、そのプログラムに従っていくうちに、「自分はちっぽけな存在だ」と気づき、何よりも「両親の愛によって自分の生があり、自分の存在がある」ことに気づき、更には、「すべての人、ものへの感謝の気持、ありがたい気持」があふれてくるんです。すると、すがすがしい境地を体感し、「愛」がすべての根幹にあることを、言葉としてではなく、実感として体得できるんです。

——アイワールドでは、いろいろな催しをなさったそうですね。

関井　東大和店は、相模原店に対して、「絶対負けないゾ」という強い意識をもっていました。また社員の数も東大和店の方が少なかったこともあって、あたかも一つの家族のような一体感がありました。パートの小母さんは我々若い者みんなのお母さんのように、親身に面倒を見て下さいました。アルバイトの学生なんかも、本当の家族のように、よくなじんでくれました。

若い者のアイディアで「値下げマン」を登場させたことがあります。予め、いくつかの商品を値下げマンが店内を歩いて選び、あり得ない値段でその場で売るというサプライズを行うんです。本当にアイワールドの若い後輩は頼もしく、アイディアマンばかりでした。

――2年前に、アイワールドの同窓会をなさったそうですね。

関井 前にお話したように、東大和店は一つの家族のようになっていました。3・11の震災で打撃を受けた東北には、東大和で一緒だった女子社員が何人か居たんですが、幸い皆無事だったんですが、連絡を取っていくと、自然に一緒に仕事をした時間に戻ってしまう気持になっていきました。それで「同窓会」の計画が持ち上ったんです。同期や、その前後に入社した者たちが集まって下相談から始めたんですが、なかなか意見がまとまりません。しかし、ふと気がついたんです。「同窓会」がたとえ出来なくても、こうして色々と話し合いの機会を持つこと、そういう時間を持てたことで「いいんだ」、たとえ「同窓会」が実現しなくても、と思いました。結果は、海外からも参加した人も含め、総数200名近く。当時、毎年恒例であった「経営方針発表会」

という名称そのまま、内容も表示の看板も、すべてできるだけ再現しました。そして五十嵐社長には、会場の外でずっと待っていただき、サプライズで登場して頂きました。会場の興奮は最高潮。当時の時間、空間へ瞬間に移動した感がありました。

――今のお仕事と、今後の抱負をお聞かせ下さい。

関井　アイワールドで7年を過ごし、そのままだと、果して自分の足でしっかり歩いているものか、疑問を覚えるようになりました。そこで、もう一度、ゼロからスタートする道を、自分の足でしっかり歩んでいけるかを確認したくなり、転職したんです。

今、通販に携わっていますが、お客様により大きな満足をお届けできる方法を追求していこうと思います。アイワールドのスピリットは、僕の仕事の原点です。この原点に立って、これからも、自分の関わる仕事で、「生きる」つもりです。

12 ＩＴ通販のビジネス・モデルを

丹澤　誠二

――丹澤さんは、なぜアイワールドに入社されたんですか？

丹澤　私の実家は八王子市で電器店を営んでいたんです。祖父が終戦直後に多摩地区初の電器店を開業しその後父が継ぎました。通常は、その後は、長男の兄が父から商売を引き継ぐのでしょうが、父はもともと一橋大学を卒業した優秀な銀行マンで商売があまり好きではなかったのに家業を継いだこともあり、後継には東大を出たエリートの長男の兄を指名しませんでした。私は、小さいころから商売が好きで実家の電器屋でアルバイトをしていて販売が好きでしたので、大学入学時には、すでに私が電器屋の後を継ぐことに決まっていました。就職先を決めるにあたって電器店を継ぐ為の修行先としてアイワールドに入社しました。

――お父様の事業はいかがでしたか。

丹澤　父が家業を引き継いだのは高度成長期の昭和30年代でした。時代の波に乗り次々と店舗数が増え10店舗ぐらいになっていました。

商売を不得手としていた父でしたが、この頃は商売が隆昌を極めていたんです。

――丹澤さんは、大学時代は何を学ばれましたか？

丹澤　そうですね。私は家業を引き継ぐことになっていましたので経済学部に入学しました。

大学生活で何か刺激があることがしたいなと思っていましたので先輩からの勧誘もあり体育会ヨット部に入部しました。ヨットは僕にとって、この上なく魅力的なスポーツでした。早速、ヨットの部活に熱中しました。ヨット部の仲間と、ヨットの練習に明け暮れ、４年の時にはヨット部の主将として、関東大会にも出場しました。

実は、その大会では、自分が主将でありながら、自分のミスで惨胆たる成績でした。そのくやしさは、その後も自分の心の中にドッカリと居座ってしつこく責めました。必ずこの悔しさを社会に出てから晴らしてやる！　そう心に誓いました。

大学生活では、勉強らしい勉強をした記憶は、ほとんど有りません。ただ、ヨットと出会い、ヨットに魅せられ、厳しい環境、自然の素晴らしさや厳しさを体験できたことは、僕にとってそれからの人生の大切な存在になっていたのです。今思えばヨットからその後の人生の様々な事を学び得ました。

丹澤

——大学を卒業されてから、いよいよアイワールドと出会うわけですね。

私は商売が好きでしたし、家業を継ぐことになっていましたが、すぐに父の会社に入る事はせず、まずは外で商売を学ぶ意味で、色々な会社、たとえば「東急ハンズ」などの大手企業を受験しました。

そんな時、父が「神奈川で、飛び抜けて業績を伸ばしている〝アイワールド〟という会社がある。そこに入社して勉強して来たらどうか」というんです。

会社説明会に行ったのですが、まず「ものすごく厳しそうだ」と感じました。しかしヨット部で肉体的、精神的に厳しいことは十分に経験してきましたから、「ここで2、3年修業してみたい」と思いました。

入社希望を申し出ると、すぐに五十嵐社長が面接をして下さいました。

その時、僕は、もし入社させてもらえたら、ヨット部の主将としての失敗のくやさしさを、この会社で〝落しまえをつけたい〟なんて、訳のわからないことを言いました。五十嵐社長は「それは面白い！」と大笑いをして即、合格通知が来た時のことは今でも鮮明に記憶に残ってます。

丹澤

――アイワールドに入社された後、いかがでしたか。

私の実家は八王子市で、アイワールドの本社は相模原ですし、あと、東大和にもお店があることを知っていたので、まあ、どちらに配属になっても家から通えるし……と思っていました。

ところが「半田店へ」と配属を告げられ、「半田って、どこですか?」と聞き返しました。関東以外の店へ、とは夢にも思わなかったので、しばし頭の中が真っ白になってしまい、さあ、どこだっけ……と考えてしまいました。「愛知県だよ」と言われ、絶句ですよ。家族に報告すると、まさか私が実家を出るなんて思ってもいなかった母なんか泣いちゃいましたよ。軽トラックに身の廻りのものを積みこんで、夜中に八王子を出発して、半田店に向いました。行ってみると、畑の中にポツンと店がありました。さっそく出社すると、店の入口に何人かがたむろしていて「何だか冷たいな……」と思いました。でも、僕は「家業を継ぐんだ。人生に落とし前をつけるんだ!」と心に強く決めてここに来たのだから、「トコトンやってやろう！」と決心しました。その後、半田店は「アイワールドの虎の穴」と言われるほどのモーレツ社員ばかりの店で、仕事は徹底的にやり、結束も固く結ばれている素晴らしい店なんだとだとすぐに気づきました。そんな厳しい環境でただひたすら仕事をした経験は今の自分を形成したと思っています。

仕事をはじめて1ヵ月、その間、午前中だけ休みをとったのが1日、あとは、ほとんど休みなく働きました。間もなく成績はトップクラスになり、責任も、実績もどんどん増していき、働くことがこんなに面白い事か、と思いました。

入社して3年で、半田から岐阜県の美濃加茂店の店長になり、業績不振をたて直すことを目的に選ばれてがむしゃらに働いて、たった1年で黒字にしました。その後アイワールド本部に配属され販売促進部を新設させて頂き、販促を一から組み立て、即実行しました。新しい事にチャレンジし様々な改革をしていったので大変苦労をしましたが、それも楽しい思い出になりました。

——その後、退社されて、ご実家へ戻られたんですね。

丹澤　アイワールドには6年間お世話になって、実家に戻りました。まだ父が社長で頑張っており、会社もなかなか好調のはずでした。

父の期待に応えるよう、早速、アイワールドで学んだ多くの事を元に自分なりのやり方で、戦力になるよう働きました。家業に入り2年経ったある日、父に私と妻が呼ばれました。妻は、僕が半田店に勤務していた時、現地採用で入社してきた女性です。アイワールドの経営理念をしっかり身につけ、女子のリーダーも勤めた女性ですから、実家の仕事にも何かと戦力を発揮してくれていました。父の前に、妻と2人で並んだ時、父が述べた言葉に驚きました。会社の経営が厳しいと言うのです。改めて経営状態を見ると、すでに大変なことになっていました。

それからは、リストラと不採算店の店舗閉店や銀行の対応に奔走しました。まだ所有していた土地、建物を処分、退職する社員への退職金の支払い等、会社の存続のために動き廻りました。一番きつかった時期でした。

――それから、通販の事業へ乗り出されたのですね。

丹澤　店舗閉店の連続でいよいよ2店舗になってしまったときに「このままでは確実に倒産する」と思い、様々なセミナーを無我夢中で聞きに行きました。そこで「インターネットで商品を売る」というインターネット通販事業を知り「ネット通販こそ大企業ではなく中小企業が強い」というセミナー講師の話を聞き「これだ！」と思いました。パソコンは大の苦手だったのですが、まずパソコンを買い、使い方から始め、独学でインターネット通販の試行錯誤が始まりました。

20歳代、アイワールドでトコトン仕事をさせて頂いた経験が身についていることを、今でもとても感謝しています。有難いことです。「20歳代にどれだけやったか」が、「絶対負けない！」「必ずよくなる！」と自然に思える自分がいるのも全てアイワールドのおかげです。美濃加茂店店長だった年の12月に、過労から入院する事になってしまった事がありました。そんな、がむしゃらな働き方をしたことすら、決して悪い記憶ではありません。頑張れる自分を確認出来た良い経験になりました。

――インターネット通販は、スタート直後からすばらしい業績を上げられたそうですね。

丹澤　２０００年にスタートしたその年の12月には、すでに業績が目に見えてきました。インターネット通販の初期でしたし、我社の業績が業界の注目を集めることとなり、その結果、楽天市場から出店のお誘いがあり、ヤフーショッピングからも……と、嬉しいお声がどんどん掛かってきました。

私はアイワールドでも、父の会社でも、店頭での対面販売をやってきましたので、顔の見えない関係でものを売るというインターネット通販でも、お客様との関係、とくにアフターサービスや迅速な対応については、店舗でのノウハウを徹底して導入したいと考え実行しています。とくに大型家電の販売については、全国ネットワークの会社と契約し設置や取り付けをしていることが強みとなっており、エアコンは年間数万台を販売するまでになっています。当社の社員は、すべて営業経験のある者です。インターネットの知識より、実際に真心をこめてお客様に品物をお届けすることに心を配っています。

おこがましいですが当社が培った販売の仕方が、インターネット通販の業界のビジネスモデルになっているように思います。

アイワールドで学んだ五十嵐社長の理念「やれば必ず出来る」が自分の理念にもなっていますから、必ずやり遂げるというアイワールド魂が反映されて会社を経営しています。またアイワールドの入社案内のキャッチコピーの「人生はおひとり様一回限り」という言葉も私は大好きです。私自身、そしてスタッフ全員が豊かな人生を送れるように日々全力で邁進しています。今後も社員、スタッフと共に「お客様が喜んで下さることは、全てやる」という精神と想いを持って、しっかりと地に足をつけて会社の実績を積み上げていきます。

13　アイワールド精神で家業で地元に貢献

戸張　裕康

――戸張さんのアイワールド入社の経緯をお教え下さい。

戸張　僕等の大学卒業の時は、学生の売手市場でした。
僕は亜細亜大学の準硬式野球部だったので、いくつかの会社から入社の誘いを受けていました。とにかく、各社からの入社案内の書類が――今のようにネットの時代ではなかったですから案内書が大型封筒入りでたくさん送られて来て、部屋一杯になるほどでした。そんな中にまっ赤な社長が出て来て、――何かピンときて。これも運命なのかな――そんなことで入社しました。

――アイワールド創立後、何年目ぐらいで入社されたんですか。

戸張　僕は17期平成4年4月入社です。僕は入社して相模原の本店で、最初に配属されたのは衣料品のコーナーだったんですが、部門リーダーという先輩が一人もいないんですよ。待っててくれたのはその上の仕入担当の人たちなんです。そして人事から部門には「今度丈夫なの入れといたからな」と言ってるんですよ。あとで聞くと、売場のメンバーで腰を痛めた人がいて、体育会系の頑丈そうなやつだから……という感じだったんですね。そんなわけで、すぐリーダーになっちゃったんですよ。

戸張——すぐにリーダーでは、たいへんでしたでしょうね。

4月20日ぐらいに配属されて5月のゴールデンウィークアドベンチャーという大きなイベントがあるんですが、そのチラシからやらされて。そのイベントで当時流行っていた輸入物のTシャツが売れて売れて。そのTシャツは赤パックと青パックっていうのがあって。赤パックっていう一番売れ筋のものをすぐ欠品させてしまったんですよ。それで、「こんな売れる時にこんな売れるものを欠品させるなんて、とんでもない。死んでも捜してこい」っていわれて——。どうしたらいいかさんざん考えて、実は競合店へ出掛けていって、空になった段ボール箱の中からそのTシャツの箱をさがして、仕入の手掛りをさぐりあてたんです。「おまえもやっと仕事できるようになったな」といわれました。

戸張　――問題解決の方法？　をさがしあてたんですね。

「欠品は罪悪だ」っていわれたんです。

とにかくやることはいっぱいあるし、それに、「自分がやりたいこと」も次々とあって、毎日会社に来るのが楽しくてしようがなかったです。

3年目には、どうにも洗剤をやりたかったんです。

――それはまた、何故ですか？

戸張　五十嵐社長は洗剤のエキスパートなんですよ。だから僕、社長と勝負したいと思って洗剤にまわしてもらったんです。五十嵐社長は洗剤とトイレットペーパーを3階部分ぐらいの高さまで積んであるそれを数時間で売ってしまうんですよ。僕は、その社長と勝負したかったんです。

社長は洗剤を本気で売るなら「洗剤と話をしろ」というんです。はじめ、何を言っているのかさっぱりわかりませんでした。でも、洗剤と取り組んでいるうちに、洗剤の方から、「私をもっと前に並べろ」とか、「私の顔をもっとたくさん見えるように並べろ」とか言い出すんですよ。シャンプーは、「リンスは私のとなりに並べろ」とか、商品がしゃべるんですよ。そうなると、商品の並べ方にも、いろいろ変化をつけたくなるし、次々と、手直し、手直しと、やりたいことが出てきて。気がついたら泣きながら商品を並べていました。22歳で入社して24歳で結婚し、子どもも生まれた頃で、でも夜中になっても売場のことがあれこれ頭をかけまわって寝られないんです。明け方には、「もう行っちゃおー」と家をとび出して店へ行くんです。

東大和店へ転勤になってから、社長が売場へ見えた時、一言二言、言葉を交した中で、何か僕が浮かない顔つきをしていたのに気づき、「ちょっと来い」と呼ばれたんです。「おまえ、今日は早く帰れ。そして奥さんにカレーライスでもいい、何でもいい何か作ってもらって、子どもを抱っこして、〝ほら、ママの作ってくれたカレーだぞ、おいしいぞ〟って言い乍ら、子どもに食べさせてやれ」といわれたんです。その日、すぐにやってみました。奥さんもビックリしながら、作ってくれて、子どもに一口一口、食べさせたんです。子どもも、奥さんも、またたく間に笑顔になり、3人でもり上りました。「家族だなあ〜」という、何ともいえない暖かく、楽しく、嬉しい気持でいっぱいになりました。

仕入先のメーカーの、僕と同年輩の担当者に、ある時ちょっと沈んだ様子がみえたので、彼に、この方法を伝えました。すると翌日、彼から、はずんだ声で「うまくいった！」と電話がありました。この方法は彼の他にも、まだ何人にも伝え、皆さんに感謝されましたよ。

――五十嵐社長のきめ細かい配慮には、おどろきますね。

戸張　社員をよく見てくれています。自分が「どうしようか？」と考えたり、何かを決めて動こうとする時、ふと、社長の顔が目の前に現れるんですよ。「それでいいのか？」とか、「やってみろよ」とか、いつも、どこでも見守ってくれているという気持で、毎日仕事をしていましたね。でも、子どもとカミサンへの「カレーライス」イベントは、僕にとっても、僕の家族にとっても、とても大きな意味を与えてくれました。日本一紙おむつを売る男が、自分の子どものおむつを一度も替えたことがなかったんですからね。

――戸張さんはその後、東大和店へ移られたんですね。

戸張　相模原店から東大和店へ移り、店のまとめ役のような立場で、ますます力がわいてきました。東大和店はパートのおばちゃんが、ちょうど僕達の姉や母親のような存在でしたし、店員の人数も相模原より小さかったので、まるで一つの家族のようにまとまっていました。それに、「相模原には絶対負けない」という自負があり、一致団結して、それこそ、寝る間も惜んで――仕事のあれこれに、夜中でもアイディアが湧いてきて夜の明けるのを待って会社へ行きたい――そんな気持でした。そういう時があってもいいと思うんです。自分がキラキラ輝いている時、まわりから見たら少しおかしいかもしれない行動をとっていても、自分が完全に燃焼するまでトコトンやる――そんな時期があってもいいと思うんです。そんな経験は、人生の貴重な宝物になっていると思います。お給料をもらって、そういう貴重な体験をさせてもらった――そんな気持です。

――アイワールドには何年いらしたんですか。

戸張　5年です。実は、僕の実家は川崎の中原にあって、僕の祖父母が終戦直後に開いた衣料品店を代々守って、その地に根を張って地元に密着してくらしており、僕は3代目なんです。祖父母の始めた商売も次第に拡大していき、町の人々に愛され、町に生きる存在になっていました。父が、自分の後を継ぐ者として自分に、店の商売を教え、3代目教育をしたいということで、残念ながらアイワールドをやめて、家に帰ったんです。

僕の祖母は、地元の婦人部のリーダー的存在で、町の繁栄を大所高所から眺める人でした。政治の世界にも関心を持ち、神奈川県選出の国会議員にも、積極的応援をする人でした。後に総理大臣になった小泉純一郎氏にも、国会議員初出馬の時から川崎の後援会として大いに支援をしたようで、その後を、今、僕たち世代が引きついでいます。

僕は学校も高校までずっと同じ地で、同じ友人達とすごし、家業も地元の人達との関わりで成り立っているので、純粋な地元民として、地元の行事、地元の生活、地元の幸せに役立つように、というのが僕の現在です。

アイワールドでは「おいで下さるお客様が喜んで下さることなら、何でもやる」のが店の理念でした。おかげ様で、アイワールド時代に、様々な企画、大がかりなものから小さな心づかいまで、思う存分、予算と人を使って、やらせてもらいました。今、地元で、「この町の人々が喜んでくれることをやる」立場で、アイワールドでの経験がどれだけ役に立っているか。改めてアイワールドの仲間に、今の僕として、ゆっくり会ってみたいという気持になっています。

――戸張さんは、まさに地元のリーダーになられたんですね。

戸張　まだまだですが、僕は大学まで野球をやっていましたので、野球を通して、チームプレー、チームにおけるリーダーの役目、などを学べたことも僕の財産になっています。

アイワールドで、僕は会社に当時で900万円ぐらいの損害を与えてしまったことがあるんです。ある夏、当然売れると思ってアメリカから売れ筋のTシャツを、欠品しないようにと十分な数、買ったんです。ところがその年は冷夏で、大量に売れ残ってしまいました。社長にお詫びの報告に行きましたよ。ところが社長は、こう言って下さったんです。

「それぐらいの損で、アイワールドはつぶれないよ。社長が失敗すれば会社は大変だけど。会社がつぶれたって、殺されることはないんだし、この程度の損は、何ということはないよ」と。

五十嵐社長は、僕にとっては、もう一人の親父です。

14

「アイワールドの夢」の続きを追い続けて

長谷川　一

――長谷川さんは、アイワールドに何年に入社されたんですか。

長谷川 僕らはアイワールドの中期、創業から15年ぐらい経って、企業としても安定し、相模原本店をはじめ、日本はもとより、海外にも子会社を持ち、順風満帆の時期に入社しました。僕等の同期は56名で、入社の期、16、17、18、19、20、21期ぐらいまでが今考えると採用人数もピークだったと思います。1期50人～100人という採用状況でした。

僕は大学を卒業して仕事をする場としては海外を望んでいました。それも、すぐに行きたい、と思っていました。

――アイワールドとの接点はどんなところだったんですか。

長谷川 アイワールドの店舗があるところは僕の地元なんです。ですから、アイワールドには客としてよく行っていましたし、車の免許をとりたてぐらいの若者が、よく、アイワールドに集っていました。若者の流行志向にも応えてくれるエキサイティングな場でもあったんです。

そこで、アイワールドにも応募してみると、すぐに内定をもらいましたが、僕達の頃は新卒は売手市場でしたから、他にも内定をもらった会社がたくさんあったんですが——アイワールドにはなじみもあるし、当時、海外提携先もシンガポールにもありましたので、「シンガポールもいいな」なんて勝手に夢を描いていました。

——海外勤務は実現しましたか。

長谷川 そうはいきませんでした。まず最初に配属されたのは家電売場です。アイワールドの家電はよく売れました。松下電器の製品も、値段を安く、しかも大量に売るので、松下さんも、アイワールドには一目置いている状態でした。

——長谷川さんは、パソコンの部門の草分けとして、パソコンという新しい技術を、アイワールドはもとより、日本のイノベーションの草分け的存在になられたとうかがっていますが。

長谷川

僕が入社して1年後に、ウインドウズ95が発売になりました。日本におけるパーソナルコンピューターの黎明期だったのですが、アイワールドでは僕が担当することになり、一からのスタートでした。アイワールドは、何しろ、何事も、徹底的に研究し、知りつくしてから、お客様に買っていただく精神ですべてを進めていくのが当り前ですから、僕も「パーソナルコンピューターを使う」という、日本のイノベーションの先端に立っている心持で新しい世界に没入していきました。

売上げも、当初は7000万円ぐらいだったものが、3年で15億円という驚異的な飛躍をとげました。僕は単にパソコンとプログラムを売るのではなく、その武器をどう使いこなし、どういう新しい世界を現出させるか、というところまで指導し、サポートすることがアイワールドの責務と思って組み立てましたので、日本を代表する企業、たとえばトヨタ自動車や、後にこの分野のリーディングカンパニーになる楽天などに呼ばれて、アイワールドのノウハウをお教えすることになりました。

――トヨタ自動車とは業務提携されたんですか。

長谷川　2週間ごとに社員を1名、トヨタ自動車へ派遣合同会議という体勢で支援していたんですが、ある時役員から、「トヨタと業務提携してこい」と言われ、JR名古屋駅前のトヨタの事務所でトヨタの部長と会い、「業務提携を」と口頭で伝えました。部長は即、「いいよ、で、いくらなら……?」と言われたので「じゃあ、月100万でどうですか?」「わかった」と、こういう調子で業務提携することになりました。

それから社員1名を、名古屋に常駐させ、トヨタのシステム作りのサポートをする体勢が整いました。余談ですが、この体勢はアイワールドが民事再生の手続きを経て、アイワールドの実体が消滅しても、そのまま存続し、今日に至っています。

世間的には知られていないですが、アイワールドの果した役割は、日本のこの分野の発展に実質的に寄与したと言えると思います。

――長谷川さんはコンピューター部門の責任者から、財務の部所に移られたのですか？

長谷川 そうです。僕の10年先輩の部長の下で、財務を担当しました。現場で4年過ごした後の財務部です。（当時、アイワールドはいくつかの拡大計画を実施するところでした。土地を購入したり、売場面積拡大の改装をしたり、おしゃれで魅力的な店づくりをしたり、と、前へ前へと進む勢いでした。）金融機関とも、全銀行と取引がありました。銀行だけで13行でした。アイワールド絶頂期の感がありました。新年度社員募集をすると、6、000人の応募者がありました。アイワールドはまた、思い切ったアイディア――アイディアはすべての社員の発案ですか――を頻繁に実行しました。携帯電話器を1円で売ったり、売れに売れた頑具で、もう、どこを探しても手に入らない、という状態になったその頑具を、大量に売場に並べたり、フランスの有名ブランドが限定3コしか作らないというバッグを3コともアイワールドが売ったり……そういう情報を目がけて、全国からお客様が来て下さる――そんなミラクルな店になっていました。財務が日常的に扱う金額もどんどん高額になっていき、バブルの感覚をあたりまえのように感じ、その中で呼吸し、その中で動き回っていました。

――相模原店が新装オープンの時、相模原市は大変な人出になったそうですね。

長谷川　アイワールドの創業は1975年です。それから12年後の1987年、五十嵐社長が「日本中の小売業に問う」という意気込みで手がけたエンジョイライフ・ショッピングセンターとしてのアイワールドがオープンしたんですが、7月7日のオープン初日来店者は25万人にのぼり、売り上げは現金で5億円にのぼりました。相模原警察署は、署長以下総動員で交通整理に当ってくれたという伝説の出来事もあるアイワールドです。昇る朝日のように、ただただ輝き続けるアイワールドの落日を、誰が予想できたでしょうか。

——長谷川さんはアイワールド最後の日に至る日々を、執行役員として過ごされたんですね。

長谷川　アイワールドの積極的拡大路線は、当然、借入金の拡大を余儀なくさせます。金融機関の状況も変って来ました。銀行の自己資本比率が厳密に問われる状況になって来ました。そこで、その後金融機関を舞台にくりひろげられた、金融機関と、借入金のある企業との間の、お定まりコースです。

アイワールドも時の運で、世間の風評被害を手始めに、凋落への道を歩むことになりました。

この時期、店の現場では、まだまだ普通通りの営業を「明るく、元気に」続けていましたし、一般の来店者も、相変わらず楽しくお買物をして下さっていました。

ただトップシークレットのところでは、僕達ほんの少数の人間で、できる限りのことをやっていたと思います。

ただ今ふり返ってみると、もっと、できることもあったにちがいない、と思うんです。当時の僕は29、30歳でしたから、重大事に直面して、その年齢の者にできること、湧いてくるアイディアは、貧弱なものにすぎなかったと思うんです。少なくても今の自分の年齢であったなら――と思います。今だに、「もっと、何かできたんじゃないか」という思いは残ります。

――長谷川さんは、その後、トヨタ自動車に行かれたんですね。

長谷川　アイワールドとの業務提携は存続していましたし、出向した社員もそのままでした。アイワールドの事情が変っても、トヨタは、この関係を尊重してくれました。僕も、トヨタの要請を受け、トヨタの社員として仕事をすることになりました。

――トヨタという会社は居心地はいかがでしたか。

長谷川　さすがに、整然と、システマティックに組織運営されているという印象が強いです。必要な情報伝達、社員の交流は滞りなく、十二分に行われますが、横の連絡、いわば、必ず必要なものとはいえないけれど、仕事の流れや、人的交流をよりスムーズにしたり、楽しくしたりすることに寄与するゆとりの部分が省かれている集団のように感じました。アイワールドが、ビジネスの根幹に据えるには、ふつうはなじまない「愛」とか「人間が生きるとは」ということを据えるという特異な経営理念の会社であったということに、僕がなじんでいたためだとは思いますが。しかしトヨタの社員は優秀で、そして真面目に、よく働きます。それは見事です。

また取引先の方々も、皆さんあちらから出向いて来てくれますし、ほとんどの仕事が、とくに障害もなく、順調に進んでいきます。

――長谷川さんは、しかし、間もなくトヨタを退社されたんですね。

長谷川 僕も独立志向が強くなっていましたからトヨタは1年でやめさせてもらいました。

今、新しい会社を設立して、中小企業の総合的サポートを行うことを目的としています。クライアントさんは十数社にしぼって、会社のあらゆる問題に応えられるように、３６０度の守備範囲を用意して、支援するというビジネスモデルです。

クライアントさんを限定はしていますが、新しいテーマ、新しいアイディア、新しい連携など日々ご相談、ご提案があります。世の中、日々進化し、人々の求めるもの、人々が幸せと感じる出来事も、日々変化し、進化しています。私達が思いをめぐらせ、企業が役割を果す世界も地球規模、宇宙規模の広がりを持つことになります。僕の仕事の世界も、その空間をフィールドにすることになるわけです。日々精進です。そして根幹は、その中で「人間とは」「人が生きるとは」何かを決して忘れずに、自分の世界を構築していこうと思います。

15 win-win-win の関係で幸せを

西牟田敏明

――西牟田さんは現在、九州・鹿児島で株式会社ニシムタの代表取締役社長としてご活躍なんですね。

西牟田　現在、鹿児島県を中心に、スーパーセンターという業態の店を、4500坪、3000坪から、小さい店舗も含めて26店舗展開しています。

（株）ニシムタは父が創立した会社で、80歳になる父は健在で、代表権のある会長として今も目を光らせてくれています。

――西牟田さんは、アイワールドに入られたのはなぜですか。

西牟田　私が22歳で学校を卒業して、当然、父の会社の後継者になる道を歩くことになるわけですが、実際には仕事のことは何もわからない状態です。当然外へ出て勉強してからでなければ役に立たないわけです。父の会社のディスカウント・ショッピングセンターという業界は販売業の中で、大いに消費者の支持を受けて活気があふれ、成長業態のひとつでした。業界の他社との連携も積極的で、何社かがグループを組み、共同仕入を行ったりする関係でした。そんな業界で断然トップの座にあったのが神奈川県相模原にあった、アイワールドだったんです。

父は、アイワールドの創業社長五十嵐由人社長とは親しくしていただいていたので、私をアイワールドに入社させて頂けるよう、お願いをしたわけです。

私も「どうせ勉強するなら、業界ダントツトップの会社で」と望んでいましたので、お願いすることにしました。

――入社されて、どんな毎日でしたか。

西牟田　アイワールドはきびしい会社だと噂に聞いていましたし、会社の社員も皆、規律正しいと聞いていましたので、もしかしたら軍隊みたいなところかなーとイメージしていたんですが、実際に入社してみると、きびしいことはきびしいですが、皆とても暖かいということがわかりました。

毎朝8時からの朝礼に30分ぐらいの時間をかけて、アイワールドの企業理念から、お客様への態度、仕入先への態度、仲間同士の態度など、文章化されたことばを全員で声をそろえて暗唱するんです。毎日、くり返して唱和していくうちに、そのことばの真意がいつしか自分の心の中にしっかりと根を下していくんです。社長以下、社員の誰もが「愛情あふれる」人ばかりの会社だと思いました。

――実際、売場に立つと、どんな様子でしたか。

西牟田 私はカー用品の売場で勉強したいと希望を出したんですが、希望の売場には行けませんでしたが、自分が担当する売場については、自分の考え、アイディアをどんどん述べることができるし、その提案が売場の皆に支持されれば、社長の決済を必要としないで、売場で決めて、即実行となるんです。そして「お客様が喜んで下さるなら」「お客様が楽しんでお買物をして下さるなら」「お客様がハッピーな気持でお帰り下さるなら」という大前提を実現するものなら、「何だってやっていい」と思うと、私達のテンションは最高潮になっていくものなんです。

新人の時代には、そんな雰囲気の中で、右へ左へと先輩の指示に従って走り廻り、さまざまなきびしい場面にぶつかりぶつかり、ただ前を向いて動いていましたが、そういう「状況」は、結局「私の成長のためのもの、みんなの言葉も、私を育てようとして言ってくれているんだ」ということがわかってきたので、きびしい毎日が、楽しい毎日に変っていきました。

――攻防戦という研修はいかがでしたか。

西牟田　研修で「潜在能力開発」のプログラムがよくありますが、アイワールドの攻防戦は、ビジネスの世界で行われている能力開発の研修とは全く違います。アイワールドで五十嵐社長がやって下さった「能力開発」は、「能力」という限定されたものではなく、「人間としてのあり方」をとことんつきつめて、本人が自覚できるまで導いてやる、というものでした。

「自分がなぜ生まれたのか」というようなことを、本気で考えたことはありませんでした。自分が両親の下に、五体満足に生まれ、とくに困難なこと、自分では解決できないような難題もなく、平和にくらしている自分を、とくに「ありがたいことだ」と心の底から思う、などということはありませんでした。「ふつうのことだ」と気にもしませんでした。

しかし攻防戦という五十嵐社長が考え出された「心の探究」あるいは「魂の探究」ともいえるような仕掛けのプログラムに、人里離れた神奈川県丹沢の山の中で4泊して行われるその研修に参加して、僕は初めて、両親の存在、両親への感謝を心に深く感じる人間になりました。両親への感謝の気持は、更に、両親以外の人々へも拡がっていきました。そして人間をこえて、まわりの物すべてのものにまで、感謝の気持が拡がっていくようでした。

――その後、お父様の会社へ戻られたんですね。

西牟田　五十嵐社長とアイワールドでは、貴重な体験をさせていただきました。

父の会社に戻った当初、私はアイワールドのやり方を、自分の会社で実行しようと思いました。アイワールドでは売場ごとに責任者が決り、その責任者がすべての権限を持って、しかし当然義務を負って、他の売場と競い合って成果を挙げるというやり方ですから、実際の仕事は当然きびしいものになります。

私は父の会社に入って、社員達に「きびしい働き方」を求めてしまいました。でもこのやり方で、ずいぶん失敗をしました。よく考えれば当然のことなのですが、若かった私は、社員には「仕事のきびしさ」だけが強要されると受けとられることに思い至りませんでした。

「アイワールドでできたことがニシムタでできないはずはない」と無理におしつけても、できないんです。でもそれは当然。アイワールドでは、毎朝の朝礼での社の理念にはじまる一連の研修が各々一人一人の身について、アイワールド精神が身についた者達だったからこそ出来たことであり、まだその土壌が出来ていないニシムタでは、それはきびしすぎる要求となってしまうことに、思い至らなかったのです。試行錯誤の何年かが過ぎて、今は、そのあたりのこともふまえてやっています。

ただ、ニシムタでも若手が育ってきています。彼等若手に、失敗をおそれず思いっきりやって成長してもらいたいと願っております。

父には創業者として、たいへん困難な時期を乗り越えて今日に至っていることは、尊敬するばかりです。今も元気で、毎朝7時すぎには会社に現れ、その日の「やるべきこと」を細々と指示してくれます。80歳を過ぎてもすさまじい商売への情熱・エネルギーには感服せざるを得ません。

――西牟田さんの企業理念をお聞かせ下さい。

西牟田　アイワールドの五十嵐社長のおかげで、私は自分が恵まれた環境にあり、幸せな毎日を過ごすことができるのだということを「ありがたいこと」と思っています。

私は世界中の人にも皆、幸せになってもらいたいと思うのです。「幸せになりたい」という気持は、すべての人間が望んでいることです。私は、その気持に訴えて、企業の理念を作りました。

つまり、ニシムタというスーパーセンターを通して①お客様に幸せになっていただきたい。②会社も発展し幸せになりたい。③従業員も一人一人成長し、そして幸せになってもらいたい。――つまり、三者がwin-win-winの関係で、がっちりと手を結ぶ——そんな関係を作っていきたいと熱望しています。そして、この三者の関係が成り立たないなら、その会社は存続できないと思っています。

もう少し具体的なレベルで考えると、商売にはまず商品の値段がものをいいますし、人・物、両方のサービスが大事です。また従業員の方には、昇給制度を明確に定め、公平な評価と、皆が納得できるような制度を明らかにすることです。更に、職種の選択も公平に、本人の希望をできるだけ叶えるように、配慮することです。

私の会社は今、従業員が2500人になりました。この従業員一人一人が、楽しく仕事が出来、その一人一人の人生の設計に私の会社が関わっているということは、社会的責任の大きさ、重さに、身がひきしまる思いです。

――これからどんな計画、展望をお持ちですか。

西牟田　現在26店舗で、年商540億円をあげています。まだまだ店舗数を増やしていきたいと思っています。新規店舗を開店するのは誠に楽しいです。出店した地域の皆様に喜んでいただける品揃え、サービス、そして値段と、いくつも配慮することがあり、そしてわが店が喜んで受け入れていただき、生活のサポートができることは、小売業の醍醐味です。それから、今は店売りだけですが、近々ネットにも販売の場を作ろうと思っています。店頭販売だけでは無理な「こだわり」の商品を、それを必要とするお客様に届けるという売り方は、ネットを利用するのが適していると考えているからです。

九州・鹿児島という地の利を生かした特産品、稀少な逸品など、くらしに特別な彩りを添えるものなどを提供するビジネスです。楽しみに進めたいと思っています。

16

創業の地に
多くの良い置きみやげを

藤原　達雄

――藤原さんはアイワールドが隆昌を極めた土地で、ずっとお過ごしなんですね。

藤原　僕はアイワールドの五十嵐社長とは、社長がアイワールドを創業する前に勤めていたダイクマという大型ディスカウント・ストアーの時代から、社長の部下でした。

社長がダイクマをやめてアイワールドを創業した翌年から、僕はまた社長の下で働くことになりましたから、実に長い年月、社長の教えを受けて、人生を過ごして来たことになります。

――相模原店がオープンした後に、藤原さんは初代の店長になられたそうですね。

藤原　五十嵐社長がダイクマをやめて、アイワールドをスタートした時は渋沢というところに店を構えられたんです。しかし、その1年後に相模原市の一等地のボーリング場が撤退した後の建物をみつけ、あっという間に改装して、堂々たるアイワールド本店をオープンされたんです。その店の店長として、五十嵐社長のサポートをつとめることになりました。

――相模原で初めての大型ショッピングセンターの店長は責任重大でしたでしょうね。

藤原　五十嵐社長はしっかりした経営哲学をお持ちの方です。経営理念から、社員の心構え、お客様への対応から、仕入先とのつきあい方など、すべて簡潔に、ゆきとどいた文章で出来上っていまして、僕達男性社員は毎朝8時からの朝礼で、声に出して唱和することで、それを自然に心にたたき込むことができました。

その実践がお客様のお買物の場面で、お客様が喜んで下さることだけを考えてサービスをするという心がけで毎日を勤めていました。このことが、とにかく日々楽しくて楽しくて、店長をやりながら、相模原店の15あった部門の部門長も兼ねていましたので、いわば、相模原店の実質的な責任をまかせられたようなものでしたから、「自分の会社」というような気持になっていました。

アイワールドは、大盛況でした。売れに売れ、閉店後、翌日のための商品の補充から、各部門が競って、他の部門に負けたくないという意地で、少しでも売上げが上るようなディスプレイ、お客様へのちょっとしたサービスの工夫など、ありとあらゆることを夢中でやるわけですから、夜12時をすぎても終らない。家に帰って、翌朝8時の朝礼には出なければならないんですから、会社にとまってしまうんです。何度宿ったことかわかりません。

僕は結婚していましたんで、かみさんに、「家は母子家庭か」といわれっぱなしでした。

――相模原店本店の店長として、思う存分の仕事がおできになったわけですね。

藤原　五十嵐社長は、いろいろな時に、僕たちに心に残る言葉をたくさん与えて下さいました。アイワールド語録と名づけた言葉を次々と発言して下さり、毎月社員に配られる「生きる」という月刊誌に掲載して下さるんです。僕たちはその語録にどれだけ教えられ、元気づけられたことか。仲間との交わり方、親との関り方まで、職場での社員教育の範囲にとどまらず、社員一人一人に「生きる」力をしっかりとつけさせようという人間教育の言葉を、与え続けて下さいました。
　五十嵐社長は人間を育てる絶大な力をもった方です。そして人間形成のすべての根源が人間愛なんです。社員一人一人に等しく愛をもって接して下さり、愛の本当のかたち、パワーをさまざまに散らした言動で、私たちを導いて下さいました。私は五十嵐社長と23年間、一緒に仕事をさせてもらいました。僕の人間形成のすべてを教えていただいた恩人です。

――藤原さんは、相模原市の行政とも、親しく連携することにも力を尽くされたそうですね。

藤原　アイワールドの人気は相模原市内にとどまらず、本店以外にも、ずいぶんの数の支店を、次々オープンしていきました。オーバーでなく、各々の支店が競い合って、さまざまな知恵をこらしイベントやらサービスやらを競いました。社長は、「商売には競争なくして発展なし」とよくおっしゃいましたから、アイワールドの社員一人一人が、まず仲間と競争し、アイワールドの他店と競争することに切磋琢磨します。その結果として、どの店も、「お客様が喜んで下さること」に成果が現われ、お客様に愛していただく店になりました。そこで嬉しい反面、相模原市内に従来からある小売店様からは、うらまれる結果となっていきました。

そこで、私は店長を後輩に託し、相模原市におけるアイワールドを広く、全市的視野から眺め、アイワールドのありかたを決めるべき時だと社長に進言し、行政と手を携えて行くことに決めました。

相模原市の担当局は、心よく、アイワールドの真意を理解して下さり、協力体制を約束して下さいました。商店会の中に、僕の机を用意して下さり、細かいことから相談に乗っていただき、アイワールドができることを探していきました。

一方、アイワールド周辺の四つの商店街の皆さんには、一人一人、親しくお会いし、アイワールドに対する怒り、うらみ、不満、要望を、まず、半身低頭の心持でうかがいました。商店様ですから、おたずねする時間はほとんど夜8時過ぎですが、ご指示の通りに動いて、まず率直なお気持をうかがいました。

——そして、新しい提案をなさったそうですね。

藤原　一通り、それまでの、アイワールドに対するお気持ちを、だまってうかがった後で、僕はこう提案したんです。「アイワールドはおかげ様で、今、皆様に必要とされる店となりました。売上げもずいぶん大きくさせていただいています。みなさまの商店街様と〝共栄〟はあるいは無理かもしれませんが、〝共存〟は、何としてもしていきたいんです。「アイワールドもあり、古くからの親しい小売店様もある街」が相模原市の特徴になるように、アイワールドが行政の約束をとりつけ、四つの商店街とアイワールドを巡るコミュニティ・バスを運行させることになりました。

さらに、「アイワールドの駐車場は、四つの商店街の買物客の方々にも開放しますから、自由にお使い下さい」とも申し上げました。行政の協力も得て、地元の商店街も大いにやる気を出して下さり、アイワールドも、相模原市民の方々に、そして相模原市にも、お役に立つ動きができたと嬉しく思ったものです。

その他相模原に秋田県能代市の〝ねぶた〟の山車を借りて来て、四つの商店街をねり歩き、大勢の市民が参加してくれて、相模ねぶた祭りで盛り上ったこともあります。ちなみにねぶた祭りはその後20年以上も続けられております。

――アイワールドは相模原市にとって重要な企業になっていたんですね。

藤原　おかげ様で、アイワールド相模原店の反響は地域から全国的に話題となりました。そうこうしているうちに、店のキャパシティに対して、来店者が多すぎて、たいへんな混みようになり、消防から、店舗面積拡大の勧告を受けることにもなり、思い切って店舗拡大の計画を実行したんです。

ビジネスはいわば熟した時期、店の拡大改装が、更なる飛躍に拍車をかけてくれることを信じて、実行にふみ切ったわけですが、その時、日本経済の状況はきびしい時代を迎えようとしていたのです。

アイワールドも時の運にさからえず、民事再生の時を迎えることになりました。

――藤原さんは民事再生前に独立され、相模原市にとどまって、株式会社ドリームライフを経営なさっていらっしゃるんですね。

藤原　アイワールドの園芸部門を引きつぐようなかたちで、園芸を主体として経営しています。

それより、アイワールドの人間で、相模原市に残ったのは僕だけなので、街の人達から、「おまえがついていながら、なんで――」と、ずいぶん苦言もありました。しかし、僕たちアイワールドは、世間に対して悪いことは一切していません。それどころか、アイワールドが存在した間、「お客様が喜んで下さることだけをやる」という理念は、貫き通しました。大勢のお客様の記憶に残るすばらしい店であったと思っています。

――藤原さんは今、ドリームライフで福祉・介護の方面で新しいビジネスをも始められたそうですね。

藤原　日本は今、高齢化社会を迎え介護・医療は、必要不可欠の分野で、福祉の範囲を越えて、ビジネスとして存在する重要なジャンルだと思います。しかしビジネスとしての発想の上に展開されてることになってから、まだ十数年です。

僕はアイワールドで「ものを売る」ビジネスを学びましたがアイワールドは「お客様の満足されるものを提供する」ことだけをめざした会社でしたから、介護・医療の分野にも、「利用者のよろこぶことをめざす」ことが最も大事なことと思います。アイワールドで学んだ僕の経験が生かせると信じています。

介護・医療のビジネスのすべてにわたってのコンサルテーションを業務とするものですから、行政との連携まで含みます。民と官の協調の新しい連携の構築なども、積極的に提案していきたいと思います。

五十嵐社長と23年間ご一緒に仕事ができた僕という人間は、五十嵐社長に学ばせていただいた理念を新しい仕事に向う今、改めてありがたく感謝いたしております。

17 変らぬ信念で、元気一杯の前進を

古谷健一郎

――古谷さんは、アイワールド最後の社長をつとめられているそうですね。

古谷　そうです。五十嵐社長のアイワールドが従来の業態から撤退した後、業態は変えましたが、民事再生の手続きを経て、新しく誕生した新生アイワールドを僕は7代目の社長として預かることになり、それから13年が経ちました。

僕の前には、伊藤正明さんが引き受けられ、その後、僕が預かっています。

――そうすると、古谷さんは、アイワールド通算何年目でいらしゃるのですか?

古谷　22年です。

――古谷さんにとって、アイワールドは、どんな存在ですか？

古谷　アイワールドは、僕自身だと感じています。

僕は、学生時代、自分で言うのもはばかられますが、手のつけられないあばれん坊でした。毎日、暴走バイクに喧嘩好き、今もやっている極真空手が大好きな、遊び三昧で、いろいろ無茶なことをやっていました。父は外務省関係でしたから、そんな息子を、どうしたものか、と、心を痛めていたと思います。

しかし僕は、親の心に配慮する気持など全くなく、父と母に、「僕のことは、死んだと思ってくれ」といって、毎晩遊びまわるようなとんでもない親不孝者でした。

そんな様子ですから、専門学校卒業の時期にも、就職活動もせず、学校も休みがちで怠け放第でした。

しかし、休みつづけ遊びほうけていると、とにかくヒマです。はじめはヒマで幸せだ……と思い、ヒマを楽しんでいましたが、そのうち体がなまってくるのがわかるんです。

「これはいけない」と、さすがの僕も気がつきました。

「何もしないでは、人間、だめなんだナ」と。どこかに就職しようと、やっと思いはじめましたが、どうしたらいいかわかりません。僕の実家は神奈川県ですから、地元のどこかに勤められないか、と思い、企業案内の雑誌を買い求めました。まず、1ページから見ていくと、最初に出て来たのが「あ」行のアイワールドでした。「とりあえず、ここから」と、その会社に電話をしたんですが、「もう就職試験は終っている」との返事でした。ところが、電話に出た方が、「〜もう、入社式は終っているけれど、まぁ一応来てごらんなさい」と言ってくれました。僕は早速、相模原にあるアイワールド本社を訪ねました。対応して下さった先輩から簡単な質問を受け、就職できることになりました。その時、五十嵐社長にも、ほんのちょっと顔を合わせる機会があったんですが、その時五十嵐社長から「君、元気いいネ」と言葉をかけていただいたのが、すごく励みになりました。

古谷　――アイワールドに入社されていかがでしたか。

古谷　アイワールドは、実に楽しい会社でした。何が楽しいって、あらゆることが、僕には実に新しい出来事ばかりでした。考えてみれば、僕はアイワールドに入社する直前は実に自由気ままな、何の自覚もなく、何の目的もなく、ただただ勝手を求めるような無為の時間を過ごしていたわけですから。アイワールドに入社して毎朝8時30分には出社して、社員全員そろって、五十嵐社長が定めたアイワールドの「企業理念」をはじめ、お客様に対する社員心得、問屋さんに対する心得など、いくつもの明文化された文章を全員声をそろえて唱和するんです。

――毎朝お決まりの朝礼ですね。

古谷　そうです。今ふりかえってみても、アイワールドの社員教育は、ふつう、他社さんがやっていらっしゃる社員教育とは大きく違っていることに感慨を覚えますが、当時は何しろ、すべて初めてのことですから、「社員の教育ってこういうものなんだ……」と、ただ素直に、ひたすらその世界になじもうとするばかりでした。

しかし、自分でも全く予想できなかったことですが、とにかく毎日会社で働くのが楽しくてしようがないんです。売場ごとに部門長という方が統括をしているんですが、昨日入社したばかりの新人の僕も「仕事の種類を決めて、あることだけをやる」などというやり方は全くなく、先輩と同じに、発言していいんです。何しろ五十嵐社長がおっしゃるのは「この会社は、君達に人生の舞台を用意しているんだ。そこに来て下さるお客様が最高の満足をして下さるように、会社としてできることは何でもやる、その行動が君達自身の喜びでもあり、君達自身の人間の成長につながるパフォーマンスなんだ。

そのお客様と君達のパフォーマンスがくり広げられる舞台が君達の前にある。あとは君達が自分で考え、自分の力で自分を主役にしていって下さい」ということです。

ですから、すべての社員から、新しい思いつき、新しいアイディアがボンボンとび出します。先輩も後輩もありません。部門の会で参同を得ることができれば、どんなことでも、「お客様が喜んで下さるもの」との大前提に叶うものなら、即予算がつけられ、即実行されるんです。ですからやればやるほど、ますます楽しくなるんです。いってみれば、大きな遊園地が用意されそこでやるアトラクションを僕たちが自由に決められる、――そして様々な新イベントが、次々と行われるようになる――そんなお客様が夢中になれる遊園地を作れる――というような楽しさ嬉しさあふれる毎日――それがアイワールドの毎日でした。

――古谷さんは、地方にあるアイワールドの関連企業へも出向されたそうですね。

古谷　僕もどんどんアイワールドマンになっていきまして、入社7年目には青森を拠点に北海道にも出店し、当時20店舗ぐらいに拡大していた株式会社サンワドーに出向することになりました。

僕が求められたのは、アイワールド精神の本質を理解し実践していただくための指導がメインです。「社員研修」ではありますが、商売のテクニック等をご指導するのではなく、まず商売の基本、商道の基本という「商人としての精神のありよう」を徹底的に申し上げるのです。ですから、それだけの大きな規模の会社でも、社長・専務を初め、幹部からアルバイトさんまで、すべての方々にとって、初めての「考え方」を導入していただくチャンスになるんです。

僕が出向して、アイワールドから数名が常駐することになり、更に2ヵ月に1回五十嵐社長が来て下さり、報告と検討会、およびその他は社長と本音を語り合う会になり、「精神」の意味、その重要性を毎回強化していったものです。
　株式会社サンワドーは、北海道に、新しいシステムのレジャーランド形式のショッピングセンター「ドリーム・サンワドー」出店の計画があり、その企画立案に力を注ぐという役割をにないました。社長・専務からもとことん信頼していただき、会社のとなりに僕の住居を確保して頂くという待遇でした。
「このままうちの会社に残ってくれ」とまで言って頂き、アイワールドの面目を施すことができました。

古谷　――古谷さんは、その後九州へも出向されたそうですね。

そうです。鹿児島の株式会社ニシムタという総合スーパーマーケットの本店へ出向しました。ニシムタは鹿児島を中心に30店舗ほど大きく展開していて、現在の社長は、アイワールドにも社員として勤務したことがあり、「アイワールドの精神」をニシムタ全社員に本気で、根本から学ばせようとしてくれていましたから、僕が出向した折も、会長・社長とも、身内のように僕を信頼して下さいました。僕もその期待に応えるように誠心誠意全力で働きました。

出向の7年間がすぎて、ようやくアイワールドに戻り、五十嵐社長のサポートに、全力投球できることになりました。

古谷――アイワールドはそれから激動の日々が続くことになったんですね。

なかなかきびしい事態がやってきました。

時は、バブル崩壊の余波を受けて、金融業界に資本の再編、金融機関の破綻など、思いがけない状況がおこりました。アイワールドもその余波を受けて、業績や社会的信頼度は相変わらず順調、あるいはより高まっているにもかかわらず、アイワールドも残念ながら民事再生の事態になりました。しかし、お取引をいただいていた問屋さん・テナントさんは殆んど、アイワールドに寛容で、逆に応援して下さいました。

この事態を経て、五十嵐社長の退任の後を僕がお引き受けすることになりましたが、僕は、問屋さんはもちろんアイワールドをごひいきにして下さった多くのお客様に何としても恩返しがしたいという気持ちをもって、相模原を中心とするこの地域にアイワールド精神を商業という業態を通して貢献したいと熱望しています。

――古谷さんは、アイワールドの最後まで見届けるとの覚悟で、アイワールドを守り続けられているんですね。

古谷　僕の信念は、「アイワールドの精神」を、一人でも多くの日本人に知ってもらいたいんです。それは、日本人、一人一人が「アイワールド精神」の本質の部分を持つ人間になれば、日本という国がよりすばらしい国になっていくはずだと確信するからです。

２０１５年2月、アイワールドは資本がすべて新しいオーナーに渡りました。僕は現在43歳「旧アイワールド」の残務整理に当っています。相模原の地を新たなスタートとして、地元に密着した地域貢献をも、猛暴走させるつもりです。

「お一人様人生一回限り」。アイワールドで学んだ僕の信念は全く変っていません。益々元気で地域の皆様に喜んでいただける事業を積極的に展開して参ります。

18　五十嵐社長の新しい舞台を支えたい

山地　浩司

――山地さんは四国で建築資材の代理店を手広く展開していらっしゃるそうですね。

山地　私は、香川県で総合金物業を経営している会社の三代目なのです。ただ、金物屋は弟が継いでくれまして、大学卒業後、私はホームセンターをやりたくて、いろいろな企業を研究していました。

大学時代から住んでいたのが神奈川県相模原市というところなんですが、大学時代はバイクを乗っていてよく行くお店がありました。とてもにぎやかで活気があり、来店者も多いし、何しろ店員さんの目つき、声、動きがすばらしい。まさに生き生きと、楽しそうに、体中からエネルギーがあふれているように、店内を走りまわっているようでした。

私はこの会社で働きたいと思いました。アイワールドです。そして私は、入社志望の応募に出願してアイワールドの五十嵐由人社長に面接をして頂くことになりました。

――面接はどんな様子でしたか？

山地　今でもはっきり覚えています。いろいろな質問が終った最後の質問が五十嵐社長が、「君は囲りの人にどんな人だと言われますか？」と質問されたんです。私は「今まで、何か事を行う時、人の為に何かよいことをやろう、人のためによかれと思うことをやって来たつもりです。ですから、いい意味で〝人がいい〟と思われるし、そう言ってくれる人が多いです」と答えました。

するとと社長は「山地さんそれはほめ言葉じゃないんだよ。人がいいというのは〝お人よし〟という意味だよ」と言われました。

「ガツン」とやられました。

そして私は、内定していた企業をことわり、アイワールドに入社しました。今まで人に騙されなかったのはこのおかげだと痛感しております。（笑）

——入社されたら、どんな会社でしたか？

山地　入社当時、まだ右も左もわからない、学校出たばかりの私たちに、研修がはじまりましたが、それは、小売業の商売上のノウハウとは全く関わりのない、「愛とは何ぞや」とか、「永遠の真理とは」ということを教えて下さるんです。そして、研修は攻防戦といって五十嵐社長が自ら考え出した研修で5名づつのチームに別れて3日間、三信条、経営理念について激論をします。必死で、今聞いたばかりの言葉をつなぎ合わせて答えるんですが、すると、「おまえ、それでは、まだまだ駄目だ」と、またもやガツンです。トレーナは五十嵐社長自ら努めます。負けたらチーム全員死ぬ位の覚悟で戦います。今思うと何か変な宗教がかった研修でした。（笑）3日間戦ったら声はガラガラで緊張感も最大に達しますが、共に戦った仲間、自分を鍛えてくれた敵チームに感謝と一体感で、終った後は両親の愛の元生れてきた感謝、この愛があればすべての人に愛の実現ができる自信につながります。

こうして、五十嵐社長が、アイワールドの経営理念から行動規範まで細かく、具体的に、そして社員一人一人が深く考え、自然と行動できるように、心と体にしみ込ませていく日常の業務が始まったんです。私の原点はここです。五十嵐社長に仕事を通して、学ばせていただいたアイワールドの精神、これがなければ今の私はなかったと痛感しています。

――アイワールドで過ごされた期間はどのくらいでしたか。

山地　私はアイワールドに3年半しかお世話になれなかったんですが、本当に様々なことが経験できた、まさに僕のすべてを作ってくれたような時間でした。

入社早々から、「愛とは何か」、「生きるとは」という命題を、あたり前のように考える、そんなふしぎな社長、社員の中に投げ込まれて、何が何だかわからない状態で楽しく懸命に仕事をしました。日々の仕事、目の前に与えられる仕事を、無我無中でこなしている間に、先輩や仲間の私に対する態度やかけてくる言葉に体をあずけている中に、少しずつ、「愛とは何か」「人生とは何か」を考えることが、何か特別むずかしいことではなく、ふつうになっていくようでした。そして、自分の考え方の根っこのところに、五十嵐社長がアイワールドの理念としてかかげている精神のかけらが、少しずつ蓄積されていっていることに気づきました。アイワールドの精神こそ、人間として生きる原点である——そう考える人間になっていることに気づいてきました。

——アイワールドでの日常に変化がおきてきましたか。

山地

毎日の忙しさはたいへんなものでした。商品が売れて売れてという時代でしたから、朝7時の朝礼から駐車場の掃除、値付け、品出し、休みなしでフルに店内を飛びまわっていました。夜、閉店してから、翌日の営業までに、やらなければならないことは山ほどあります。毎日、12時前に帰るなんてことはありえません。でも、仕事が、会社が楽しくて楽しくて、仲間といつまでも店に居たいんですよ。（笑）

僕の配属させられたのは東大和店だったんですが、そこは相模原の本店よりは規模が小さかった。ということもあり、社員の結束がとても堅かったんです。我々社員は10名ほどしかいませんでしたが20代が大部分です。その他女子社員、それにパート勤務でおばさんがいらっしゃいました。おばさん達にとっては我々はちょうど子どもさんと同じぐらいの年齢です。おばさん達は、僕等にお母さんのような気持で接して下さったんです。忙しく動きまわっていて今より体重は20kg少なくて、1日5食は食べていました。会社の昼食の時など、僕たちの食事の不規則なことをいろいろ心配して下さり、細かく面倒を見て下さいました。毎日夜中まで会社に残り仕事をしていたので、アパートに帰るとバタンキューの眠るだけの生活でしたので風呂に入るのも週に1回ぐらい（笑）で汗臭く服も汚れていたのでしょう。我々に、「お風呂に入っておいで」とか着るものの心配、身だしなみの注意まで、本当にお母さんのように面倒を見て下さいました。全員が一つの家族のようでした。

東大和店一丸となって「相模原の本店には負けないぞ」という意気込みでした。

私は15部門のうちの6部門の責任をまかされることになって、より一層責任を痛感していました。当時、東大和では大量の商品を一時的に保管するために、ビニール張りの仮倉庫を使うことがありましたが、問題は、夜中に商品が盗まれる事件が頻発しました。私達は、睡眠不足の上に夜中の見廻りを行うほど自分の会社だと思っていました。

年末には除夜の鐘を聞きながら年越しそばは会社で食べて、その後、独身者は先輩のお宅に押しかけ、おせち料理をいただいて新年を迎えておりました。

――山地さんは奥様ともアイワールドで出会われたそうですね。

山地　そうなんです。ただ実家の両親はこの結婚に反対でしたので、結婚式ができない状態でした。そういう私達2人のために東大和店全員で、結婚式を計画してくれたんです。店の閉店後、店の近くのレストランを借り切ってサプライズで私のタキシード、彼女のドレスも用意してくれて、手作りの結婚式をやってくれたんです。仲人は社長がやって下さいました。

――アイワールドを離れたのは、割合早かったそうですね。

山地　実家から、早く帰って来いと度々言われていました。父の別会社の営業社員3名が独立して会社の業績が下がり始めました。何度か父が上京して話し合い父に恩返しするのは今しかないと思い、五十嵐社長に相談させて頂きました。瀬戸大橋が開通した頃、アイワールドは、ますます発展している最盛期でしたから、その中から去っていかなければならないことは本当に残念でした。もっともっと五十嵐社長の下で仕事をさせてもらいたかったです。

――ご実家に戻られて、いかがでしたか。

山地　まず、会社のたて直しに全力投球でした。10名いた社員が、私が帰った時は5名残ってくれていました。しかし、アイワールドで学ばせて頂いた僕の原点がありましたから、誠心誠意、お客様に喜んでいただくためには何をすればいいかを考えて、行動し、一つ一つ問題解決的に進めていきましたので、次第に光が差し、展望が開けていきました。

私たちの結婚に反対していた両親でしたが、今では妻は両親の実の子供より親しいような関係になっています。私には嬉しい、ありがたいことです。

――四国の若いリーダーとして、様々にご活躍とのことですが。

山地　活躍とは思いませんが、今、トーヨー住器の販売店を香川県で3店舗展開しています。昨年度から社員の中で2名の社長を任命しました。ありがたいことに私が五十嵐社長から学んだ家族愛を大切にしたいと言ってくれる社長がいて、従業員を含め、一つの家族のような関係が少しずつ作られてきています。まず自分の家族、自分の会社で「愛の具現化」を、と考えています。そして、四国の地でも青年会議所の仲間、同じ商圏・生活圏の仲間を通じて、協力し合う仕事上の協力会社、職人さんたちと仲間ができてきました。

――五十嵐社長とお会いになるのは久しぶりだそうですね。

山地　私は3年半しかお世話にならず、その後、何のお手伝いもできてないんです。これからは共に、五十嵐社長の活動のお手伝いができればと思います。不思議なきっかけで30年ぶりに再会しました。

僕は、アイワールドの経営理念、幹部七精神とか、三信条などが、今でもいつでも、何か事があるごとに口をついて出てきます。今の会社でも使わせて頂いています。また小さな小冊子にまとめたものを作って持ち歩いています。五十嵐社長と30年を経てお会いすることができ、お元気な御様子に接し、今、これから社長が展望していらっしゃる新しい世界に、出来る限りのお支えをしたい、アイワールドを途中で投げ出すようにして去った自分が出来る唯一のお返しです。

19
深い絆の二人、年を経て
再びの出会いを

特別ゲスト
小澤　良雄

小澤　私は父が日用雑貨の卸問屋をやっていたのですが、若くてして他界してしまい、私が後を引きつぎ、卸問屋の責任を引き受けることになったのです。アイワールドの社長としての五十嵐由人氏に初めてお会いしたのはそんな時でした。

五十嵐　私がアイワールドを創立する前に、アイワールドの事業の原点を学ぶことができたのは神奈川県に本社があった「ダイクマ」という企業です。私はダイクマの社長に見出していただき、仕事のすべてを一から教えていただいたのです。しかし、結果として、私はダイクマを離れ、自分の会社を作ることになったのですが、その「ダイクマ」時代に、ダイクマの仕入先の社長であった小澤氏の父上と、お会いしており、色々と教えて頂きました。

ダイクマを去る時ダイクマの元同僚で何が何でも五十嵐と一緒に仕事がしたいと言ってくれた２人と共に、新しい事業をスタートさせたのです。

私はまだまだ若輩でしたし、何しろ資金ゼロ、事業家としての信用もゼロの状態で始めた小売業でしたが、それが、開業早々、売れて売れて、売場に並べる商品を、毎日毎日、補充するのに四苦八苦でした。小売業で売場に商品がないのは致命的です。何としても、毎日、開店時間には、売場に商品をふんだんに並べておかなければなりません。

五十嵐　――そこで小澤氏にお会いになったのですね。

当時、小澤さんの会社は、その業界のトップでした。私のような若造がきのう今日設立したばかりの小売業者にはとても近寄りがたい大きな存在でした。しかし、私も何としても商品を仕入れなければなりません。

私は意を決し、小澤社長をおたずねしました。

――それが小澤さんとの初対面ですか。

五十嵐　重厚な造りの社長室、社長の席に精悍な、まさに青年実業家そのもののの小澤さんが坐っていらっしゃいました。

小澤　私は五十嵐さんに、その時初めてお会いしたんです。「まあ、どうぞお掛け下さい」と申上げても、坐ろうとせず、まっすぐ、私の目をごらんになり、「商品を分けていただきたい」とおっしゃいました。「すごい人が来た！」と思いました。

――単刀直入の口上ですね。

小澤　通常、商品をお売りする、買っていただくという取引を開始するには、商慣習というものがあり、また、相手先の会社の信頼度を確実に把握しなければ新規の取引を始めないのが常識です。

突然やって来て、直立不動で「商品を分けて下さい！」ですから。「すごい人が来た」と思いました。

人間は、第一印象で8割から9割のところを察知できるものですね。

五十嵐　小売業は商品の仕入が出来なければ成り立ちません。何が何でも小澤さんの会社、業界第一の小澤さんの会社から商品を仕入れさせてもらえなければ、アイワールドの先はない、と思い定めて、おうかがいしたんです。

預金通帳から実印まで持っていきました。「全財産はこの通りです」と全部お見せして、何が何でも「よしといっていただくのだ」、との気持でした。

小澤　私は、五十嵐さんに言いました。

「わかりました。商品をお入れしましょう。ただし、1回にトラック1台分ずつですよ。1台分が売れたら、また次に1台分ずつ、お入れしましょう」というのです。

当時バブル絶頂期で、売れて売れて、という状態が続いていました。ですから、トラック何台分も1回に廻してあげることはできないのです。

しかし、「すごい人が流通業界に入って来たな……」と五十嵐さんの勢いに圧倒されました。そこで、彼のこの勢いを流通業界の勢いにいただこうと思い、我社の若手社員を1名、アイワールドの担当者に決めたんです。五十嵐さんのところの担当者となれば、五十嵐さんの社の社員教育を受けるのと同じこと、我社の社員の研修になると思ったんです。

約束通り、トラック1台分ずつの商品をお入れしていましたが、五十嵐さんのお店は、おもしろいように売上げを伸ばしていきました。

五十嵐

小澤さんという業界ナンバーワンの会社から仕入れさせて頂いたのですから、お支払いは、必ずお約束通りにお支払いをしていましたが、

小澤

ある時、どうしても支払いの期日までに当月分のお支払い額が用意できそうにない。困りはてて、私は、小澤さんにお会いして「誠に申し訳ないが、もしかしたら今月お支払いできないかもしれない」と申し上げました。

すると小澤さんは、こう言って下さいました。

「いいよ、いいよ。僕はアイワールドの五十嵐社長に貸したわけじゃない。五十嵐由人氏に貸したんだから、いつでもいいですよ」と言って下さったんです。

結局、月末までにお金が用意できたので、現金を持って、小澤さんの許へ飛んでいきました。

五十嵐さんは、会社の経営に、ご自分の理念がはっきりとあるんです。だから、弟子があるのは当然だし、我々取引先の問屋の中にも、五十嵐さんの影響を受けている人が相当居ますよ。

五十嵐さんの理念は、まず会社は、「自分の会社」という意識は全くない。社員みんなの会社だから。

五十嵐　アイワールドが民事再生となったことを、小澤さんに報告に伺いました。すると小澤さんは即座に「おめでとう」といわれました。

小澤　僕は、五十嵐さんに、相模原市街を離れた道路沿いにある家具屋さんの場所を指示し、車を運転してその場へ向いました。

五十嵐さんもご自分で車を運転して来られました。五十嵐さんが運転されることはじめて知ったんですが――。

私は、五十嵐さんに言ったんです。

「もういいよ。それに、創業から25年たったら自分は引退する」と前々から言っていたんだから、言っていた通りになっただけじゃないですか」と。私は、五十嵐さんに、一刻も早く今のしばりから逃れて、新しい道へ進んでほしかったんです。

私はアイワールドの五十嵐としてではなく、五十嵐由人としてとらえているから。

そして、「五十嵐さんへの文章を寄稿するから」と言って、一文を贈りました。

五十嵐　小澤さんは私の絶対的応援団だったからね。

小　澤　私はこの頃、仕事寿命というものがあるんじゃないか、と思っています。私は親から引き継いだ小売業の卸問屋を父の死によって若くして引き継ぎましたが、この業界も変ってしまいました。私の会社も変化の波をかぶりましたが、今は、責任ある立場を離れて、自由な身分になりました。するとストレスがない毎日ですから、毎日が楽しく、次々とやりたいことができてくるんです。そして何をやっても全然疲れないんですよ。家族は私が今がいちばん元気なんじゃないか、といっています。

五十嵐さんも、アイワールドを離れて13年ですね。もうそろそろ次の世界を見せてもらいたいと思っている。

仕事を楽しむ心境になった今の僕だから言えるのかもしれない。五十嵐さんはアイワールド五十嵐さんとして人間のいちばん大事な根っ子の部分を作ったし、それをしっかり受け止め、自分の根っ子にしたアイワールドの仲間達が、それぞれの根っ子からそれぞれの見事な花を咲かせるのは、しごく当然のことだと思う。

五十嵐さんにはそれらの花を眺め、楽しむことに加えて、ぜひ次の「五十嵐世界」をもう一度見せてほしい。

われわれ業界の仲間でも、五十嵐さんについて、いろいろいう人が居ます。でもね、「アイワールドの最後のところだけを見ないで、それ以前に、どれだけもうけさせてもらったり、どれだけたくさんのいい思いをさせてもらったか、考えてごらんなさいよ」と言うんです。

今から13年前まで、27年間にわたって相模原を中心にした地に、アイワールドという夢の世界があったということを。そして、その夢の世界が作り出した遺産が市の行政はもちろん、地域の人々に、様々なかたちで残されて、地域の人々がその恩恵を受け続けているということは、まぎれもない事実です。

今、私は、アイワールドで言い続けて来たし、実践しつづけてきた私の経営理念を、広く、世の中の、特に若い人達に伝えていこうと考えています。

五十嵐

私は仕事を通じて、五十嵐さんと出会い、人間としての深い絆で結ばれました。こういう出会いに心から感謝しています。

最初に出会った時から長い年月が経ち、お互の境涯も変わりましたが、人間としての絆はより深くなっています。

小澤

私は五十嵐さんと、現在の二人として、再びの出会いを、もう一つの「新しい出会い」を待ちたいのです。

プレイバック

―アイワールドの世界へ―

社名	アイワールド株式会社
代表取締役	五十嵐　由人
住所	神奈川県相模原市
業種	
営業期間	一九七五年—二〇〇二年
最盛期年商	一〇〇〇億円

アイワールド語録抄によせて

五十嵐　由人

アイワールド語録は、五十嵐由人が、創業以来月々、給与の袋の中にその思いのたけを綴って全社員とその家族に訴えた経営理念であり、経営信条であり、生活信条であった。しかし、それはただ単に、創業社長の一方的な社員に寄せる宣言でもなければ、一片のメッセージでもなかったのである。アイワールド語録は、むしろ、五十嵐由人とアイワールドマン達が、一つの道にいのちをかけてひたすらに生き切った、いのちの証しなのである。

激しく、厳しく、溢れるような情熱をもって人間の能力の極限にまで挑戦し続ける中から生まれた、いのちの底の底から発せられた真実の叫び声なのである。雄叫びなのである。

創業以来めくるめくようなこの十年。男のいのちの全てをかけて、ただひたすらに前人未踏のエンジョイライフ・ショッピングセンターをまず日本の国土に花開かせんものと、ザ・マンたちは生き抜いた。そんな香り高い歩みの中から、語録は生まれた。

人が愛に目覚め、その愛を奉仕という姿で生き切ることが、そのまま商いの道に通ずるという人類の見果てぬ夢、夢のまた夢を、真実生きることの出来る喜びがザ・マンたちを奮い立たせた。そんな喜びの中から、語録は生まれた。
愛と信頼に生きることを許されたザ・マンたちは、毎日が伸び伸びとした挑戦の連続であった。そんな本当の切磋琢磨の毎日の歩みの中から、キラキラと光る玉のような兄弟愛が生まれ、同志愛が生まれた。打てば響く、そんな魂の共鳴の中から、語録は生まれた。従って語録は、誰が作者という訳ではない。ザ・マンたちのいのちのシンホニーなのである。いや、それは、むしろ天来の声だと言ったら言い過ぎだろうか。至誠天に通ず、と言うではないか。かくもひたむきに、かくもひたすらに、人間が真実生きて、生きて、生き抜いて、それが天に通じないということがあるだろうか……。だから、ザ・マンたちは応えるのだ。
アイワールドとは何ですかと問われた時、
それは、精神です、と。
ではその精神とは何ですかと問われたら、
それは、語録です、と。
そしてそれは、私たちの生きざまです、と。

以下は厖大なアイワールド語録の中から五十嵐自らが選んだ語録のエッセンスである。

（但し、重複を避ける為、既出あるいは後出の語録は割愛した）

アイワールドの特徴

★アイワールドの最大の特徴は、精神を重視するということである。一人一人の心が創るという根本思考である。

★アイワールドとは、各人が各人の立場で自己の職務を自覚し、創造による生きがいの中に尊い人生の意義をみいだしていく姿である。

★我々が想像できる以上の会社には絶対にならない。まず重要なことは我々が素晴らしい人格者になることである。

★我々はアイワールドで働く中で納得できないことに力を注いではならない。また納得できないことをそのままにしてはなおいけない。お互いに徹底的に自己主張することである。そしてアイワールドのあるべき姿を発見し、信念をもって望むことが何より大事なことであり、このことを全員経営というのである。

経営理念

★我々は、あらゆる役割の中で経営理念を実践するのだ。

★我々が経営理念を信じ、また経営信条に向かう姿勢が中心帰一であり、その実践が生きがいという産物を造りだしてゆくものであり、それはあたかも炎える集団ともみられる所以である。

★「店はお客様のためにある」この真意は深い。このことばが実践されるとき、はかり知れないものを生み出してくる。知恵・愛・富・人格・人間性・実力・自信・勇気・信念かぞえあげればきりがない。

★経営の中にあって、安さは奉仕の極である。安さは、商品からくるのではなく、経営の思想から来るのである。小手先の安売りでは続かない。

★良品廉売とは、総合的に、恒久的に安さを続けることであり、それはまさに

★総合的な経営効率によって可能とする。
繁栄の外観は奉仕。繁栄の内部は合理化。「ファミリーこそコンシュマー」
これがアイワールドの商品構成の根本にある考え方である。

アイワールドと仕事

★初ず仕事第一。初ず現場第一。これがアイワールド経営の経営に対する第一の姿勢である。現場以外のあらゆる職務が応援者になることである。
★アイワールドに入社してよかったという人々によってアイワールドはよりよく創りあげられてゆく。
★アイワールドはどこまでいってもアイワールドに入社してよさかったという人々の生きがいの場である。
★仕事は与えられるものではない。うばうものである。
★会社は生きるための場であるが、甘ったれを生かしてくれる場ではない。生きるのは自分であるということをお互いに自覚しよう。

店になんとなくスマートさを感じてきたとき、我々は注意しなければならない。アイワールドから絶対なくしてはならないのは、ダイナミックさである。

★いつでも、どこでも、アイワールドを語ろう。そこからアイワールドが芽をだし、やがて花が咲き果を実ぶ。

心得抄

★すべての物事にあたるとき、一番重要なことは、正しい動機であるかということである。

★小細工をするな。誠実と真心と善意をもって接すれば、必らず理解される時がくる。我々が学ぼうとする時にもっとも重要なことは、教えて下さる人の心に己れの心を直結することである。

★たった一つのつまらない欠点をだれかが発見しただけで、そのままになってしまうアイデアがなんと多いことか。

★責任を委ねるとき、権限をおおいに尊重すること。

まかせるまではまかせない、まかせたらまかせる、このことである。こんなことをしてないか。まかせないのにまかせる、まかせたのにまかせない。

★我々は一見して外と戦っているようにみえているが、実はいまだかつて外と戦ったことはないのである。それは、内部の戦いの投影である。

考えてみよう。例えば、5歳の子供がいま自分に戦いを挑んだときのことを。それは所詮勝負の世界にはなりえない。つまり人生は自分との闘いが全てであり、それ以外に戦いはない。

今日は昨日の自分に勝つ。武蔵のことばがすべてである。

★からだの細胞まで繁栄の信念で満たそう。

★三六五日、小売業のことを考える。

★問題には必ず答えがあるから明るく取り組め。

★今やるべきことに投じておけば、明日の心配はするな。明日には明日やることが心よくむかえてくれる。

★今日やるべきことさえやっていれば、明日の心配はよそう。「きっと素晴らしい日がくる」そう信じて明日にまかせよう。

自分が選んだ道

自分が選んだ道だ。仕事だ。苦しくても、つらくても、頭にきても、やり抜かなければならない。それ以外に自分を生かす道があるか！　自分が選んだ道だ！人生の証しをするんだ！

おれの人生といえる自分だけのものを造りあげるために、苦しいときやめてはためだ！　つらかったら、やめてはだめだ！　頭にきたら、こんちくしょう！と叫んで、もう一度、それでもやり抜かなければならない。そこを通るんだ、これしかない。成功の広野はまだまだ遠い。しかし必ずある。時々チラチラ見えるじゃないか。仕事は遊びでも、勉強でもない。厳しい適者生存の中の壮絶なる戦いだ。そして、その苦しい、まけそうな、己れとの闘いだ。そして、その中に、生きることの素晴らしさを実感していく道程なのだ。

すばらしい会社に素晴らしい同志が

世の中にある（存在する）あらゆる職業は、いかなる場合にも、その地域社会におけるそれぞれの役割を果たしつつ成長しているものであります。それ以外に成長の原因はないのです。そしてその役割の重要性を自覚し、さらに使命感にまで高めていくところに、人間としての真の生き甲斐というものが生まれてくるというように考えます。そしてそのような状態の中ではどのような職業であろうが、そのまま尊い聖業であります。

アイワールドはこのことを最も重要に考えているわけであり、常に小売業の本質は「店はお客様のためにある」という一言につきるわけであります。

会社とはその基本的にもっている思想によって存在するわけであり、たとえば入社ということを考えてみましても、採用の時点において、その会社の経営観、人間観によって選択されるわけであり、選択された本人もその会社の考え方に納得したとき、その会社で働くことになるわけであります。

このようなわけで、すばらしい会社には、素晴らしい社員が集まり、また素晴らしい社員のいる会社はますますその生き方が明確になり、社員の生き甲斐とともにすばらしくなるということであります。

全員参加の経営

さて、そのような法則の中で、アイワールドはどうであろうか。

アイワールドは、高度成長時代の産物ではありません。まさにこれからの会社であります。高度成長時代になかった、まったく新しい経営の会社であります。金もうけの発想ではなく、「商」を「道」として生きる使命感がその根本であります。これはすなわち全員参加の経営であります。生き方をひとつにする同志であります。各々の創造と生き甲斐のなかに発展をつづける革新的小売業であります。アイワールドはそこに働く者の信頼と和に満ちた暖かいファミリーであります。

仕事においても、厳しい要求はあっても命令はあってはならないし、職位はあっても、人格の平等を最重視する事であります。「経営信条　第4条　我が社は人間性尊重を第一とし豊かにしかも厳しく社員の無限の可能性を追求する」

アイワールド社員は常に自信にみたされ、ゆえに謙虚であり、誠実であり、遊びも仕事も全力投球であり、常に明るく、凡ゆる人に、物に、事に、感謝する心をもっている素晴らしい同志のあつまりです。

アイワールドの目ざす道

このように素晴らしい人々によって、愛を世界までも・私は世界までも愛するというアイワールドのネーミングの意義通り、我々一人一人の満足のなかに地域社会をみたしつつ、より多くの人々の幸福へと向って確実に成長していくのでありあます。そして、その具体的指針は次のように表現されます。

アイワールドが目ざす道は、

常に期待される商品、期待される

品ぞろえ、期待される店であり、

その根本は安心できる商品、安心できる価格。
そして真心のこもったサービスである。

どうせ働くならその仕事の主人公に

人間性尊重、人間性信頼を経営の中心に考えているアイワールドにおいて、仕事の奴隷になる人は一人もあってはなりません。必ず会社の重要なる役割として、はたすべき仕事をもっている我々です。そこで死んではなりません。どうせやる仕事です。どうせ過ごす一日です。できるだけ積極的に、明るく、楽しく、自分の仕事に取り組み、常にその仕事の主人公となることです。そこにアイデアも生まれ、やりがいがでてくるものです。

仕事は決して楽なものではありません。だからこそ、そこに明るさ、楽しさという意志の力と努力が必要なのです。だからこそ、そこにあなたが必要なのです。仕事が、好きな映画やテレビをみているように楽しく、好きなテニスをやっている時のように楽しかったら、入場料をとるはずです。もし取らなかったら、毎日入場制限ですよ。幸いなことに天は、仕事の中に意志と努力によって楽しくなったり、生きがいをもったりできるように、仕事というものを人間に与えてくれたのです。せめて仕事に取り組む間、自分のもっている最大のよきものをもって貢献しよう。必ず仕事の主人公として楽しい毎日が送られることを確信します。「仕事が楽しみなら、人生は楽園だ。仕事が苦しみなら、人生は地獄だ」。

我々が働いて受けるべき最大の報酬は、給与ではなく、仕事そのものからくる喜びであり、働きがいであるはずです。

仕事とは、こちらの姿勢、心構え次第で苦しみとなったり、楽しみとなったりするものです。

どうせやる仕事だ。ひとつ、できるだけ積極的に明るくやってやろう。こう考えてやっている人は、必ずやりがいとともに、信頼までついてきて、素晴らしい人格者になるでしょう。

同じ仕事をするのにも、いやいやするか、楽しくなるよう努力するかによって、本人の成長がちがう。

実は仕事とは、どうしたらお客様に喜んでいただけるか、どうしたら相手に喜んでいただけるか、これだけ考えていればよいのですね。そうすると、自分が喜べるようになるから不思議です。

「生きがい」って、他人のためにどれだけなれるかということなんですね。

今日も縁ある人に、ほほえみのある、明るい会話のある、ステキな出会いをしようよ。

同志へ（昇給のたびに思うこと）

ボーナス、昇給いずれもそうであるが、毎度のことながら、〝本来人間が人間を評価するのはまちがいである〟という考え方を持っている私が一番悩む仕事であります。そうかと言って逃げるわけにはまいりません。従って、いつでも祈るような気持、真剣勝負でこの決定にあたるわけであるが、これでよかったのかという疑問が心の片隅に残ります。決定に際しては、次のようなことをいつも考えています。

一、昇給、ボーナス等に対し、今回だけという考えでなく、長期的遠望つまり一〇〇年の大計の考え方で見つめる。

一、人間給、生活給、創造給という事を考えにいれて考える。単に現象評価でなく、その人の将来への期待を考え合わせて見つめる。

一、一年アイワールドに過ごしたら、必ず成長しているという考え方に立つ。

一、「何が出来るか」と同じ比重で、「どのような考え方で役割りに臨んでいるか」ということを考える。

そして、いつでも、人間が人間を評価してはいけないんだ、事実と人間性に対し、真剣に素直に対処するんだ、という気持です。従って、その結果を受けた当人は、いろいろな感情を持たれると思いますが、もし昇給が少ないと思った人は、〝あー社長もまだ本当のオレ（私）が解っていないな〟と考えて下さい。もし〝昇給が多いなあ〟と思った人は、〝あー評価が高すぎるな、どうしたら返せるかな〟と考えたらよいと思います（額面だけでなく気持の問題である）。いずれにしましても、どんな結果がでても、あくまで現実のことであり、未来はながい、という考えに立って下さい。人生とは、三年、五年、一〇年あるいは一生かかって自己の精算がされるものです。あなたも、私も、会社だけでなく社会から評価をされ、適切なる決算書を受けとることになることは間違いありません。

私のバックボーン

★まず、与えられている場所で生きまくれ。
★常に、自分でチャレンジ。目標をつくって進め。
★常に、させていただくという心を大切に。
★自分の人生は必ずよくなる、運のよい人間だと信ずること。
★人生は思い通りになるということ。
★仕事は生命の表現だ、生き甲斐で人生をはかれ。
★仕事の報酬は仕事から。
★自分を磨き向上することは、人生の義務と考えよ。
★すべては天下のあずかりもの。

素直な心

この尊い生命をけがす最大の悪は、物事を素直にみられない心です。人生に斜めに構えてのぞむ心です。

こんな人にだれが期待するでしょうか。

こんな生き方でなんでよろこべるでしょうか。

よろこべないということは、生命のショートです。

生き甲斐の泥棒です。

自らがそこに命をかけ、情熱をもって素直によりよく生きたときに、大きな仕事がどんどんその人に与えられます。それは、天下があたえてくれるのです。

あの人にやってもらおう、あの人ならやってくれる、といって活躍の場がふえてゆくのです。それはとりもなおさず、与えられる仕事、つまり、させていただく仕事ということになるのです。仕事はしてやっているようにみえて、実は、させていただいているのです。すべての人々が、させていただいているのです。

幸福へのキーは

私達は、常に幸福になりたい、健康になりたい、楽しく過したい、と切に願いながら、実に反対のことをやっている場合が少なくないように思う。それはどうしてなのか。そこには感謝とか、真心とか、思いやりとかが不足しているものがあるからであるが、その中で最近特に実感していることがある。

それは責任感ということであります。幸福へのキーは、責任感にあるということであります。人生に対する責任感、生きることに対する責任感、尊い自分自身に対する責任感。これ等のことが誠に無責任となり、まるで他人が自分の人生を造ってくれるような、なんとかなるような人生を送っている場合があるように思う。

めざす姿を慰安会に見た

準備委員会の皆さん。ほんとうにありがとう。
「秋の大自然を満喫しよう」というテーマでスタートした慰安会は、実にみごとに全員を楽しい渦に巻きこんでくれた。果てしなく澄み切った秋晴れの中で、大自然の景色と、大自然の香りをかぎながら、作って、飲んで、食べて、音楽に親しんで、歌って、踊って、自然を探訪して、思いきりぜいたくな二日間であったと思います。

成功の大きな要因は、準備委員会の皆さんの命がけとも言える、目標達成への情熱と努力の中にあったと確信します。そしてそれが全社員との目標の共有化へと進み、成功へと進んだということです。ほんとうにありがとう。衷心よりお礼を申し上げます。そこでこの成功の振り返りをしてみたいと思います。

〝秋の大自然を満喫しよう〟というテーマで準備委員会の発足をした（以下センターと記す）目標を振り返ってみると次のようなものであったのではないか。

一、今までにない何かであること
一、予算性に基づくプランニング
一、チームワークで楽しめること
一、全員参加
一、競争による報酬
一、メンバーによる評価
一、創造性の開発
一、主体性による参加と喜び
一、目標の共有化による参加意欲

以上のようなことで、全社員に対して（以下メンバーという）アプローチが開始されていった。そこに当然いろいろな問題や条件が発生した。その発生した問題をセンターは、メンバーの全員参加の目標に向かって何度も前向きに検討され、メンバーにフィードバックをくり返した。

そのうち「何だかおもしろそうだ」「行ってみたいな」という意見がメンバーの中からでるようになった。そうした中で出欠を決行した（まだ内容については未決定であった）。おどろいたことに、参加希望九〇％という数字がでてしまい、センター側の予想をはるかに上まわった。「これはいける！」これが実感となり、がぜんハッスルしはじめた。

メンバーから「どこへ行くのか。何をするのか」という前向きの質問が続出してきた。それはいくつかの候補地を出し合い調査に当ったこと。さらにメンバーのニーズに対応すべく検討を重ねていき、ついに西沢渓谷に決断した（この時は、センターにとってはメンバーが絶対に喜んでくれるという確信となり、喜ぶ顔が浮かんでいた）。

ますますセンターは、使命の重要性を感じ出しこまかいプランに入った。その段階でひとつのエピソードがあった。実際に現場を見た者が二〜三名ということでそれ以外の人はデスクプランになっていた、ということである。しかし、ある夜中、現場へ行こうということになったのである。真夜中に西沢渓谷を車で走り朝の五時に帰った。

そして次々と、アイデアはより楽しい慰安旅行にするために出されていった。

一、チーム対抗食事コンテスト

一、大島先生大コンサート
一、大自然満喫宝さがし（賞品総額五〇万円）
一、山菜昼食
一、バスの中のエンジョイ
一、キャンプファイヤー

そして上記の通り実行されたのである。私はこの姿の中に、アイワールド経営そのものを観たのです。実にみごとな事業経営だったと思うのです。すばらしいグループダイナミックス、すばらしい集団の姿を観たのです。それを感じたままに書いてみると──

一、それぞれが独立しながら目標に対して一体となって貢献している（目標の共有化）。
一、個の主体性が自由に演じられ、そのことがチームのバイタリティーになっている。
一、競争に対する意欲が集団に張り、オープンに表現されている。
一、人間性尊重と相互信頼が基礎となっている。

一、ある状況状況においてメンバーと一対になりながら、なおかつ厳然としたリーダーシップが発揮されていた。

まさに、アイワールドが常にめざしている姿が、そのまま表現されていました。これからも、何事に対してもこのプロセスに学び、この中にある法則をつかんで打ち込んでいきましょう。ますます生きる組織になることを確信します。

初出　創業一〇周年記念「燃える軌跡」昭和六〇年

アイワールドの精神

五十嵐　由人

経営理念

人間は愛の実現なり
人生は是奉仕なり
商道は即人道なり

社　是

勤労と誠実
熱意と感謝
創意と工夫
行動と成果
自由と責任

経営信条

1. 我が社は、商道を通じて　地域社会への奉仕を実践する。
2. 我が社は、物を販売するにあらず、商品を通じて、愛と真心を提供する。
3. 我が社は、中心帰一を重視する。
4. 我が社は、人間性尊重を第一とし、豊かに、しかも厳しく社員の無限の可能性を追求する。
5. 我が社は、企業は人なり、人間性信頼による人作りこそ　少数精鋭主義の第一とする。
6. 我が社は、社員の想像力こそ最大の資産と考える。
7. 我が社は、常に堅実経営を基盤に、経営体質を強化する。
8. 我が社は、経営の中に実質主義、一流主義、誠実主義を徹底させる。
9. 我が社は、商品開発を経営実現の第一として、常に顧客の立場に立って、商品を徹底探索し、広く世界に求める。

10. 我が社は、世界的視野に立って経営する事を信条とし、優秀なる先輩企業に学び、常に適切なる確信をし、時流に適応する企業となる。

社員遵守行為

1. 明るい挨拶
挨拶の仕方で、人柄が解るといわれるほど、挨拶は相手に人格的印象を与えます。何時も明るく、元気に挨拶しましょう。

2. ハイという返事
「ハイ」とは「拝」でもあると言われます。素直な気持ちの表現です。素直な「ハイ」の実践の中にこそ、人生成功の秘訣があるのです。明るくはっきりと返事をしましょう。

3. 報告の徹底

「報告のない仕事は、やらないのに等しい」。受けた仕事を為し終えたとき、仕事が予定よりも長引くときの中間報告。計画と違った状況の発生したとき、特別な情報の入手の時など、必ず報告しましょう。

4. エチケット

親しき仲にも礼儀あり、仲の良い友ほどエチケットは守り合いましょう。

5. みだしなみ

女性の厚化粧、過ぎたるアクセサリー、男性の無精ひげ、長髪、また男性女性共に、過度に派手な服装は、その人の品性を問われます、慎みましょう。

◇◇◇◇◇◇◇◇◇◇◇◇◇◇◇◇◇◇◇◇◇◇◇◇◇◇◇◇◇◇◇◇

感謝の黙祷

本日、アイワールドにご来店下さいますお客さま、何時もすばらしい商品を納入して下さるお取引先の皆様、家庭のお父さんお母さん、そして天地一切の人に物に事に、心から感謝の黙祷を捧げます……ありがとうございます。

七つの自己宣言

1. 私は、今日一日、自己の職務を通じて、喜びの仲に大いなる「愛」を実践します。
2. 私は、今日も元気で働ける事に限りない幸せを感じ、感謝の気持ちを持って出発します。
3. 私は、何事に対しても、常に真心を持って行き届く事を心がけます。
4. 私は、あらゆる物事に情熱を持ってあたります。
5. 私は、常に自分を重要な人間であると信じ、かつ努力します。
6. 私は、常に相手の中に、美点を見つけ、和顔、愛語、賛嘆します。
7. 私は、今日一日、笑顔と明るい言葉で人々に接します。

この条文を全社員で毎日朝礼で唱和して仕事についた。

このほかに、3分間スピーチや、レジの七大用語や、売り場の七大用語等が行われ、ゆうに30分はかかってしまう長い朝礼でトレーニングしてきたのです。

人間は不思議なもので、厳しいと思いながらも厳しい環境を誇りとする所があり、ましてや自由に自主的に仕事が出来れば更に、やる気と充実感と誇りが出るものです。

しかし怠けたいのも人間の性であり、ちょっとでもゆるめるといとも簡単に堕落していって怠惰な人間になってしまう。

夜も毎晩のように会議をして、まず会議の前には、将来の幹部を目指しその心構えと、自覚を促した。

幹部七精神

1. 私たちは、常に創業の精神を基盤に、新しい未来に向かって、偉大なる夢を描き、創造活動を展開する。

2. 私たちは、常に会社の方針を深く理解し、自己の目標を定め、行動計画をもとに、自己啓発し、充実した毎日の中で成長する。

3. 私たちは、品性を重んじ、人格の向上につとめ、職務においては、常に指針を捨てて貢献し、更に自己責任制の確立を持って、最高の範となす。

4. 私たちは、職務にあっては、常に進取の精神で取り組み、率先垂範となって部下の範となり、常に部下の能力を引き出す役であり、指導、助言するヘルパーであるをもって範とす。

5. 私たちは、常にアイデアは無限だと信じ、無から有を生み出す真剣な創造活動を生甲斐とする、強い信念の集団である。

6. 私たちは、環境は心の影なる法則を、深く体得して、明るく誠実に快活に行動する。

7. 私たちは、常に明日の勝利を信じ、自己啓発に徹し、事にあたっては背水の陣をしき、全身全霊を打ち込む。

「仕入れの基本七精神」

1. 基本精神の体得

仕入れとは、商道実践の神聖なる真剣勝負である。我々仕入れ担当者は、アイワールドの基本精神のもとに常に会社の代表である自覚を失わず、商道実践者としての誇りと信念を持って商談に臨む事。

2. 絶対的信頼関係

我々仕入れ担当者と仕入れ先とは、絶対的信頼関係に立って取引されなければならない。

しかしなれ合い関係はあってはならないし、「売ってやっている」「買ってやっている」という精神は、絶対にあってはならない。

3. 挨拶、態度、商談
我々仕入れ担当者は、仕入れにあたっては、まず明朗快活、立派な挨拶が出来る事、商談に際しては、社長代行であり、アイワールドマンとしての自覚をもって真剣勝負で臨み、相手の話に耳を傾け、心で拝聴し、深くその意をくみ取ると同時に、自己の仕入れに対する信念を、自信を持って語り、深いご理解によるご協力を仰ぎ、商談後の挨拶は、深い感謝の念を持って、相互の信頼と明日の繁栄をお約束させていただく事。

4. 計画仕入れ
我々仕入れ担当者は、常に顧客のニーズを的確に把握し、時代を先取りし、先手必勝の精神と企画案の創造による綿密なる販売計画に基づき商談に臨む事。

5. 服装、身だしなみ
我々仕入れ担当者は、まず相手に与える好印象こそ重要であり、無精ひげ、長髪は、厳に慎み、清潔にして端正な服装、原則的には、ワイシャツ、ネクタイ、背広を、着用する事。

6. 供応、贈与の絶対排除

我々仕入れ担当者は、仕入れという役割意識に徹し、曇り無き公明正大な心で、王道を目指す所にこそ、真の生き甲斐と、使命達成があるものであり、いかなる場合にも、取引先との供応贈与など商道に反する行為は絶対にあってはならない。

7. 約束の遵守、契約の履行

我々仕入れ担当者は、約束の遵守、契約の履行こそ信用の基であることを深く認識し、商品取引における、最重要事項と心得る事。

「五十嵐由人という人」

スーパーオリジナル創造オーナー

井戸　達秀

当社の社内外、共に最も有名な人であります。社長業という、その会社でたった一人しか出来ない業をやられています。創業来社長業という孤独業を同化して、メンバーと共にただひたすらお客様の為とメンバーの人材育成を全精力を費やして、祈る思いでやってこられている。

一般常人には計り知れない経営、流通業に変化を起こさせるために強烈な肉体的、精神的苦痛を強いられなければ体験できない世界に十五歳の時より挑み続ける生き様を送られている。当然、一社員である私が語ったり、論じることなどできるものではない。

事実お会いしてから十三年間、色々なことを公私合わせてお話していただきながら、私より浮かび上がる五十嵐由人像は、点から線、線から面になるが、立体としての実像は明確にとらえきれない、それ程壮絶かつ唯神的かつ唯物的双方を持ち合わせた怪物にしかシルエットには写らない。本人は全く自然にやられている。社長と同等もしくは、それ以上の生き様をした人にしかわからない。したがって当然、一社員の私が社長を描くことは出来ない。でも書くことにした。社長からの強い要望もあり次の理由で誰に何を言われようが。なぜならこのことを百も承知の社長がそのこと以上に目的の為に、この社内報を創業以来、創作し続けているからである。これはひとつの社長の人材育成の教育の場であることと、私に限らず、パートさん、新入社員、お客様の客観的、内なる声を素直に聞きたいという姿勢である。ここから常人とはまずかけ離れてくる。だから書く。当社の数少ないけど素晴らしい社風だと胸をはって誇りたい。また書かせていただいたことも、あくまでその範疇のレベルのものであることをご承知いただきたい。

五十嵐由人……いこじな程妥協ない強さで、少年のような夢を永遠に持ち続ける。その夢の実現の為に強靱な精神力と肉体を持ってアイディアを出し続けるマンガ家かな。あまり企業人とかオーナーとか商人というイメージではない。そうなんだけど雲の上の人とかいうのではなく現実面は限りなく人間的、よく笑うし、泣くし、感動するし、怒るし、忘れる。スピードと感性が早すぎて、昨日と今日と明日の言うことがまったく違う。同じ事を言うのは体調が悪いときぐらい。

人・・・

日本人というより地球人的発想をいつもしている。とにかく人の成長、魂の成長に内外とわず全精力をつぎ込む。その人の為ときめたら、すべての自分を投げすてて入り込む。その中でその人の大いなる成長に感謝してる。こりゃ本当に頭が下がる。企業の成長は人の成長以外にあり得ないと、企業の財産は人以外にあり得ないと、ずっと言われ続けている。

社長の人の育て方の特徴は、その人の長所を徹底的に延ばす。実は私というのは学生卒業した頃にはどうしようもない人間で、地球は自分中心で回っている。野球で言えば四番のピッチャーじゃなきゃいやで。いつか社長になってやろうと思ってた。親なんて子育てに苦労して当たり前。商売なんてどれだけうまいこと言ってもうければいいものと、いつか俺だって社長になってやろうと本気で考えていた。能天気人間。

それを社長、副社長はじめいろんな方のお蔭で、それは大きな勘違いだったと、自分で気づいたとき、社長に「俺、自分を変えます」と。その時、社長曰く「井戸さんねえ。私を見なさい。傲慢、我侭、自分勝手。唯我独尊。それを言ったら私などあなたの数倍だよ。大事な事はねえ、人間なんてその本質、性格なんて変えられるもんじゃない。こういう自分である事を受け入れる自分である事。又、その自分のマイナス面と同じ分だけのプラス面を人間は皆持っている。下手に己を変えようとしても無理が出て、長所まで芽を摘みとる。短所も自覚すれば、長所になる。何も気にする事はない。何も今まで間違っていた事はひとつも無い。自信を持って今まで以上に生きなさい。但しそういう自分である事を受け入れて生きる自分でいなさい。生き方生き様が変わるから」と、すごい話だった。研修の内容もようは、欠点を直せ、失くせでは全くなくたぐいまれな君だけが持っている輝くものを、より光らせたいというものだけが最後の答だ。

感謝する心だけは忘れずに。現に当社の役員の方も、政策委員の人も、いう事も性格もばらばら。実に変化に富んでいてユニークだ。（どっかの会社の様に、金太郎アメの様な社員の会社とは違うぜや）ただ、根底に流れる哲学と方向性だけは一緒。それ以外はまさにジュラシックパークだ。魔界村という話もある。要はオリジナル本気人間の集団である。唯一欠点としては、少年の夢を揃って追いかける片面、大人の緻密さと渋さと正確さと威厳に欠けるとこが多々有る。皆さん、十年後を見てて下さい。

物（商品）・・・

その商品の売れるかどうかの感覚は、動物的臭覚、商品価格はその川上へ、川上へ登る実務が、限りなく安さへの提供である条件反射を行う。今、オープンプライスが大きな問題となっているが、社長は昔から安値の価格判断はお客様がされる以外有り得ない、価格保護は人の知恵と成長を止めると言っておられる。私は社長はディスカウンター的思考ではなく、公平なリーズナブル価格哲学上、ごくあるべき論をいっているだけだ。本当、ＰＯＰなどはついてなくてもお客様が買いたい価格で買われる。それでいて、原価は適正値入れ率である商談を行っているバイヤーであって当たり前。理想論だけど。

戦後の貧しい時代ならともかく、今本当にいいもの、付加価値がありサービスもしっかりしているものを、五円、十円のべらぼうを語る消費者などはあまり考えにくい。よく社長は売れない物を買ってくるが、これは売れないのではなく、まだ時代の流行がきていないか、ちょっと社長の価値観上、地球人が追い付かな

かったかのどちらか。（後者も多いが）

販促企画・・・

これぞ社長の真骨頂、泉の如くアイデアは湧いてくる。いつも言ってる。創造は愛だと。本当に人間が本気でその事に取り組めば、必ずアイディアは出てくると。確かにお客様や人の心を掴む何かがそこにあれば、人は行くよね。自分だって、大好きな人やファンだったら、行動も起こすし金も惜しまない、ごく自然に。要はファンに出来る心をつかまえる創造的生産物があるかだ。

社長のすごさは、発想が常に子供のようにゼロ発想から出てくる、平気で水と油が混じり合えば、悪が善を助けたり、喋ればワープロが自動に打ってくれたりだとか、そんな事ばっかり考えてる。そして、その事を本気で実現に汗を出す、ここが常人と違った創造的オーナーだな。他人が見たら、バカみたいな事を本気でやる、エジソン的だよね。

金・・・

経理、経済の角度で言えばお世辞にも強いとは言えない。（きっと苦手だぜ）ただ偉いのは、ご自分でその事をよく知っておられてスタッフに須賀さん、茨田さんはじめ当社で最も優秀人をつけられる事だ。これで私はいいと思う。これでソロバン機能、経理機能をもたれてたら万能のバケモノですよ。システム機能は充分にお持ちで、ただ使わないだけかな。

頭脳・・・

これは私の独断ですが、満ちあふれた右脳（精神、情、心等）の中に前頭葉（感性、創造性等）が爆発した状態で存在しその回りにつるまき状に左脳（数値、理論、分析等）が付着しているって感じ。（失礼ですね）

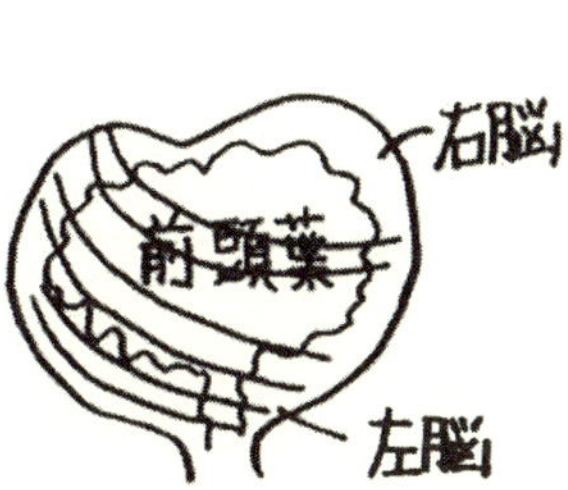

心臓・・・

人の三倍位の太さで普段は川のように滔々と血が循環しているが、何かハリが振れる興味物があると人の二倍位の早さになり興奮状態に入ると三十倍位の早さになり色々な想像兼創造と行動が行われる。思考を感性が上回るがそれを警護出来る肉体を持たれている。運も味方して人間ターミネーター七七てえ感じだな。

骨・・・太そう

肉体・・・
鋼の如くこの強さに己を律して健康に注意して運動して作られた常識では考えられない肉体ハルク・ホーガンか。ずっと健康でいて下さい。

精神・・・
自然の人間の成長の営みの確固たる哲学の基に強じんな己を確信した精神をもたれている。すさまじい生き方と環境の中で切磋琢磨されたのではないでしょうか。オーナーと言われる人はみんなそうかもしれないが精神と肉体の強さと深さが見事に一致されている。

趣味・・・

舞踊、歌、文章、絵画、筆、ゴルフ、芸術、何でもやられる。全て人並み以上、中にはその道のプロ以上のものも持たれている。普通天は二物を与えないはずが十物ぐらい与えられている。

一緒にいるといやになる。運転はへただな。

運・・・

これは、社長が宇宙のどこかとテレパシーで通じててものすごい磁石のもとに引っ張り込むという感じですごい運の持ち主、きっと不運も一緒に引き込んでも全てそれは自分自身を鍛える試練の師匠に変えられ更に大きくなっていく。不運というものがかわいそうですよ。全て前向きに取り組む姿勢が常々ピンチな程チャンスに変え成長される。不運、不幸と幸運の表裏を全てを幸せに変えられる。私はこれを五十嵐由人の不幸を耕す幸運機と名づけた。

健康・・・

タバコは吸わない。酒は飲まない。香辛料は食べない。自然食を愛し、体に悪いものは口にしない。スポーツを適度にこなし、毎日気功、瞑想、座禅をやられる。スーパー怪物活動的明朗元気肉体。肉体は二十六歳時の西武の清原と同じぐらいじゃないんですか。

人との出会い・・・

本当に不思議な程、運命的出会いをされる。社長の持ってる何かがいろんな方を集めるんでしょうか。不思議だ。

IQ・・・

かなり高いと思われる。へんなこととの記憶力がやたらといい。一種の天才でしょう。

神・・・

社長御自身の中にいつもいらっしゃるんじゃないでしょうか。

国際感覚・・・

四十代で英語を体得。日本人・東洋人と言うより、地球人という感じ。世界中どこへ行っても、誰とでも仲良くなっちゃう。夢と成長は世界の共通語なんですね。

歴史上の人物で言うなら・・・

御本人は織田信長と坂本龍馬がお好きである。私から見ると、行動は信長的だが、もっとメンタルで社長の方が人間的。坂本龍馬より短気でしょう。やはりハングリー精神は秀吉で、行動は信長的、創造性の奇抜さは高杉晋作で、商才としたたかさは斉藤道三、芸術性は近松門左衛門、人間の種類は、宇宙人的かつスターー性を持った宮沢りえを男性にした感じかな。

アドレナリン・・・

興奮状態になると、スピード違反並に逆流している。感性とアイデアと思いと口が同時に動き出す。

研修・・・

人間の成長と成功の方程式をその真髄から変えさせていく。その人だけの持ち味を発揮させながら成功を得る。オリジナル人間づくりの伝導者だな。インストラクターというような技術指導は全くない。

経営手法・・・

攻撃攻撃、一歩下がってなんて絶対にない。ピンチの時程更に攻撃。常にファイティングスピリット、苦しみの中から立ち上がれが全営業手法の基盤である。守りのもろさは強力なスタッフが支える。

ファミリー・・・
あんなに超激務の中も、毎年欠かさずスキーはじめ家族の時間、奥様、子供さんのバースデーはきちっとやってこられている。やはり家族の基本があって仕事だな。

貯蓄・・・
ないんじゃないのきっと、夢にたべられたのかな。

哲学・・・
人間は愛の実現なり、人間は是奉仕なり、商道は即人道なり、という撤学を鉄学的に哲学している哲学。こんな感じ。

食・・・
決して肉食ではない。むしろ草食、魚食、麺食を好まれスパゲティーも大好きなようです。（文章がだんだん恐竜図鑑の説明書きの様になってきているのは何故か。）

睡眠・・・

ほとんど眠らないのではないでしょうか。私が知る限り眠っていられた事はない。（そりゃそうか、一緒に眠った事ないから）しかし、常に好奇心と感性が興奮されてて眠られないいんじゃないでしょうか。瞑想だけだったりして。

私と社長の違い・・・

私……夜眠ながら夢を見て楽しんで終わる人
社長…夢というものを世界中に広げる事で世界征服を企て実行する人
私……ジャパニーズビジネスマン
社長…インターナショナルディレクター　ジミーイェイ
私……お取引先に頭を下げる人
社長…お取引先が頭を下げる人
私……芸能人を追っかける人

社長…芸能人の方から集まってくる人
私……負けず嫌いなのに負けてばかり（ドラマチックヤ～）
社長…負けず嫌いなので勝ってばかり（つまらねえ～へん）
私……私が怒鳴ると息子のみ動く
社長…社長が怒鳴ると会社と世界が動く（不思議だ）
私……ホラをホラとして言う人
社長…ホラを本気でそうなると信じ切り語る人

私と社長の似た所・・・

・お金がないこと（これは、奥さんがどちらも立派なのか？）
・理由はともあれどちらも銀行に頭を下げる所
・一緒にラスベガスを歩いているときれいな女性が通りかかると向く視線（これは何故か副社長も似ている）
・奥さんに頭が上がらない事
・子供には偉そうにする所

愛・・・

上記の全てをもってこの為に祈りながら三六五日全たましいを費やして、肉体の限り生命をなげうっておられる芸術的オリジナルオーナーですよ。

社員の私が言うのもおかしいが、本当に変わった会社だし変わった社長ですよ。でも入社して十三年間あっという間、つらい事も多かったけど、楽しいというより驚かせた面白い日々を送っているオリジナル本気会社。世界一のすばらしいステキな社長だと、ごますりも含めて胸を張って叫べます。いつまでも健康でいて頂きたいのと、すばらしい人生をありがとうございます。二十一世紀への夢の土台づくり目指してがんばっちゃおうかな、ジャパニーズビジネスマン。

初出　「生きる」創業二〇周年特別号・平成七年

おわりに

鈴木　則子

長い旅が終りました。

「五十嵐塾―愛の経営理念を貫く若者たち」という一冊の本がここに完成し、彼等を訪ねた旅が終りました。

この本の誕生は、アイワールドという夢のようなショッピング・レジャーランドをかつて、神奈川県相模原を拠点に展開された五十嵐由人氏とのふしぎな出会いから始まりました。その経緯は、五十嵐氏の巻頭言に紹介いただいた通りです。

私は、こうして、五十嵐氏の下で、人生のある時間を過ごした方々に、次々とお会いできました。

当初、このプロジェクトは6ヵ月で完了できると予想しておりました。ところが、お一人お一人の「その時間」が、あまりに密度が濃く、「それぞれのアイワールド時間」の多様さに圧倒されました。

そしてそれ以上に大きな存在となって今、眼前にくりひろげて見せてくれる「それぞれの今」が、スケール大きく広がり、見事な充実ぶりを見せているのです。

お一人お一人の「今」を訪ねることが、旅の第二のテーマとなり、実に、一年を要することになっていったのです。

そして、そこで知ったのは、皆さんが現実のビジネス活動で成功を治めており、しかもその根底には、「日本を少しでもいい国にしたい」という信念を持ち続けていらっしゃるということです。

これこそが、五十嵐由人氏が人生をかけて訴え続け、実践し続けて来られたアイワールド・スピリットが見事に受けつがれ、大きく、見事な花を咲かせつつあることの証左であると確信しました。

さて、ここから、この本の本来の役割が始まります。この本が、一人でも多くの方々の手許に渡り、アイワールド・スピリットが、日本の若者の心に届くことを願っています。

五十嵐　由人（いがらし　よしと）

1942年　福島県会津昭和村に生まれる。
1961年　高校中退、商売への夢を抱き、神奈川県にて18歳で事業家となる。
1965年　㈱ダイクマに入社。寝食を忘れて働き、営業部長として活躍。
1974年　ダイクマ退社（当時32歳）。3ヵ月間の寺修行にて物流に生きることを決意。
1975年　㈱アイワールド創業。第3の物流革命児といわれ、時代の寵児となる。
売場面積あたりの売上高日本一、年商400億円の金字塔を立てる。
2002年　過大投資が原因となり、民事再生を申請。地位と名誉、私財を失う。
2008年　天国と地獄をみた経験から、講演講師　企業コンサルのほか、株式会社日本健康推進協会の副社長として、健康と農業に特化している企業の取締役副社長として活躍中。

鈴木　則子（すずき　のりこ）

1959年　フェリス女学院短期大学英文科卒業
1962年　横浜市立大学文理学部心理学科卒業
株式会社誠信書房編集部勤務　心理学書の企画編集に従事
1966年　株式会社日本カラーデザイン研究所所属・色彩心理学の研究と教育に従事
東洋美術学校講師・心理学、色彩心理学、造形心理学を担当
1969年　日本女子体育短期大学非常勤講師　色彩学担当
株式会社アド・センター勤務・マーケティングディレクターとしてリサーチとプランニング担当
1972年　株式会社ブレーン出版代表取締役・心理学書を中心とした出版活動
1990年　有限会社アートアンドブレーン代表取締役

主要著書　「現代デザイン事典」（分担執筆）鳳山社　1967
「デザイン計画の調査・実験」（小原二郎編・分担執筆）鳳山社　1969
「アムウェイの輝く人生」アートアンドブレーン　1988
「アムウェイのドラマチック人生」アートアンドブレーン　1998
「21世紀の心の処方学」丸山久美子編分担執筆）アートアンドブレーン　2008

五十嵐塾

有限会社　アートアンドブレーン　内

〒157-0062 東京都世田谷区南烏山 3-25-12-703
電話　03-5315-9513　　FAX　03-5315-9514

五十嵐塾

愛の経営理念を貫く若き経営者達

2015 年 11 月 19 日　初版第 1 刷発行

著　者　五十嵐由人
　　　　鈴木　則子
発行者　鍬谷　睦男
カバー　久能木利武
写　真
発　行　セルク出版
発　売　株式会社　鍬谷書店
〒114-0002
東京都北区王子 4-9-5
TEL. 03-5390-2211
FAX. 03-5390-2213
印刷所　日本ハイコム株式会社

乱丁・落丁本はお取換します
ISBN 978-4-908349-00-3 C0034 ￥1800E